一路笑到掛的

生死哲學課

哈佛哲學家用幽默剖析生與死的一切

Heidegger and a Hippo Walk Through Those Pearly Gates: Using Philosophy (and Jokes!) to Explore Life, Death, the Afterlife, and Everything in Between

湯瑪斯．凱瑟卡 Thomas Cathcart ｜ 丹尼爾．克萊恩 Daniel Klein —— 著

致我們的哲學導師伍迪・艾倫（Woody Allen），
他鞭辟入裡的現象學分析，直至今日仍相當受用——
「要客觀地一邊經歷死亡一邊唱歌，還不走音，根本不可能。」

目錄
contents

引言

不好意思，可以耽誤你一點時間嗎？我們在做問卷調查，想請教你一個問題。只要一分鐘就好，我們也不會要你提供姓名。問題如下：

你真的認為自己會死嗎？

篤信不疑？

你真的認為你的生命有一天會走到盡頭嗎？

請花點時間想想，無需立刻作答。只不過，在你思考時所逝去的每一刻，都意味著你的人生又短了一刻。

如果你和我們屬同溫層，可能也無法完全相信生命有一天會真的落幕。我們或許可以在概念上理解死亡的意義，但若要具體想像自己的終結就不好說了。亞美尼亞裔美國作家威廉・沙羅伊（William Saroyan）在他的訃聞中如此寫道：「人皆難逃一死，但我一直深信我會是個例外。」

我想我們也都和他一樣。某方面來說，我們無法不去思考死亡這件事，就算再怎麼努力想要避免思考生死，這個問題還是會像打地鼠遊戲裡的毛絨小腦袋一樣，一直冒出來。原因無他，只因為死亡是人生中不變的真理之一。

人類是唯一能意識到死亡這件事的生物，也是唯一會對長生不死有所想像的生物。這兩者的組合真的會把人搞瘋。死亡令人聞之喪膽，而沒有明確盡頭的生命卻也似乎沒有意義（除非你正摔落山谷）。這，也是人類的生死和一些基本哲學問題總是緊密關聯的原因。

舉例來說好了，如果人終究難逃一死，那麼人生的意義究竟為何？我們對死亡的體悟會如何影響我們的生活方式？如果人類可以長生不死，生命的意義會不會有什麼重大的改變？活了一千年、兩千年之後，我們是否會對存在本身感到無聊，而想要找個方法一了百了呢？

還有，我們有靈魂嗎？如果有的話，身體死後，靈魂還會繼續活下去嗎？靈魂是由什麼構成的？你的靈魂比我的好嗎？時間是否還有其他維度，可以打破出生與死亡的循環？如果可以一直處於當下，有可能可以永遠活著嗎？

還有還有，天堂是時空內的某個地方嗎？若不是，那麼天堂在哪裡呢？天堂在何時呢？要怎樣才能上天堂呢？

五十多年前，就是以上這些問題，讓我們報名了人生中的第一堂哲學課。不過在課程當中，我們的注意力被轉移到了別的事上，因為教授們說：「在解開這些大哉問之前，我們必須先疏理一些令人困惑的理論細節。例如：英國哲學家伯特蘭．羅素（Bertrand Russell）是否混淆了『可能的必須』（possible necessity）和『必須的可能』（necessary possibility）？」

……啥？

於此同時，時間正在流逝，我們終究還是必須面臨死亡。最終，在形上學、神學、倫理學和存在主義的課程中，我們還是回歸到了這些哲學大哉問。但立刻就又浮現出另一個問題：認真思考自己生命的終點是件駭人的事！直視死神的眼睛時，不可能不害怕、不恐懼，但我們又無法移開目光。死亡——有死便無生，但無死亦無生呀。

身而為人，該如何面對——不如講個笑話吧？無傷大雅吧？

米莉陪她的先生莫瑞斯來到了診所。醫生替莫瑞斯做了全面的檢查後，把米莉單獨叫到辦公室。醫生說：「莫瑞斯因為承受巨大的壓力而患重症。妳必須做到以下幾點才能替他保住一命：每天早上要用深情的一吻溫柔地喚醒他，然後替他做一頓健康的早餐。一定要無時無刻做個好相處的人，並確保丈夫隨時保持好心情。做飯只能做他喜歡的食物，飯後要讓他好好放鬆，不要讓他做家事，也不要和他討論事情，這樣只會使他壓力更大。不要跟他爭執，就算他批評或取笑妳也不可以。每天晚上替他按摩，幫助他放鬆。犧牲自己最愛的電視節目，讓他隨心所欲觀賞各種體育賽事。最重要的是，每天晚餐後要盡可能地滿足他的各種需要。如果妳能天天如實做到上述幾點，持續六個月，莫瑞斯就可以完全恢復健康。」

回家的路上，莫瑞斯問米莉：「醫生怎麼說？」

「醫生說你要死了。」

某方面來說，聽到米莉如此談論死亡，讓這一切稍微輕鬆了一些。笑話之所以好笑，是因為除了有爆點的哏之外，還可以緩解焦慮。這也是為什麼很多笑話的內容都和性或死亡有關，因為這兩個議題時常令人嚇到尿褲子。

好家在，我們手邊有很多笑話。

其實我們也發現笑話頗能用來解釋一些普遍的哲學概念，也出版了一本相關書籍。那麼，笑話是否也能釐清關於生死、有無（Being and Non-Being）、永生和永死這類的哲學概念呢？釐清這些概念的同時，是否也可以減輕我們對死亡的焦慮呢？

當然可以！

這是好事，因為我倆也都到了該正視死亡的年紀（我們都滿了《聖經》裡說的「七十歲年日」），也該是時候開始思考偉大哲學家對於死亡的看法了，這時候確實會需要來點輕鬆的笑料。我們會撬開死亡這個議題的棺材蓋，不僅探討死亡本身，也討論死亡的前身：「生命」，以及死亡之後的事：「幸福的來生」。

就讓我們來抽絲剝繭吧！首先，我們會探討文明社會孕育出的各種逃避死亡的方法，特別是從歷久不衰的宗教角度來切入。具體來說，我們會討論到佛洛伊德（Sigmund Freud）的人類宗教（以及混亂）發展理論，因為他的相關論點支持了人類對長生不老的幻想。

接下來，我們會看到十九世紀北歐哲學家的看法（不知道為什麼地中海沿岸沒有探討死亡的哲學家）。我們會拜訪悲觀的丹麥哲學家索倫．齊克果（Søren Kierkegaard），齊克果認為要戰勝對死亡的恐懼只有一個辦法，就是經歷死亡。對齊克果來說，人類所有抗拒死亡的努力全是徒勞無功。要達到永生唯一的路，就是自行把對「無」（nothingness）的恐懼消化掉。說得好啊，齊克果！

然後，我們還要來看一臉正經的德國哲學家阿圖爾．叔本華（Arthur

Schopenhauer）有什麼話要說。叔本華基本上可說是「Weltschmerz」（不負責翻譯：這世界讓我想吐）一詞的代言人了。你可能會猜：叔本華應該認為死亡極為痛苦，但事實上，他雖對生命不怎麼感興趣，卻對死亡亦無感。叔本華寫道：「死亡對個人而言沒有任何影響」，也就是說，「我們理應要對自己的死無感」。[1]

對死亡無感？這位大叔，你可真會安慰人，這下我們的焦慮指數又更高了。快、快來個對死亡無感的相關笑話。

歐列過世了，他的妻子麗娜請當地的報社發訃聞。報社櫃檯的男子表達慰問之後，便問麗娜想對歐列說些什麼。

麗娜說：「你就寫『歐列死了』」。

男子覺得很困惑，說：「就這樣？妳對歐列一定還有其他想說的吧？你們一起生活了五十年，還有了兒孫。如果是擔心費用的問題，我們前八個字免費。」

「那好，」麗娜說：「那你寫『歐列死了，船隻出售』」。

探討死亡哲學時，可不能漏掉二十世紀的存在主義學者，這些學者認為「不存在是存在的一部分」——兩者為一組，缺一不可。我們會提到馬丁・海德格（Martin Heidegger）和尚—保羅・沙特（Jean-Paul Sartre），這兩位哲學家對死亡皆採取正面迎擊的態度。海德格認為唯有對死亡感到不安，人類才不會落入「平庸的日常生活」（everydayness）中，這是一種狀態，在這種狀態中的人不能算是真的活著，充其量只是活在一種可怕的幻覺裡。

沙特則要我們從另一個角度來思考死亡：只有像門釘這種本來就沒有生命的東西，才不會對死亡感到不安。面對現實吧，學者所言甚是。但在面對現實之前，我們必須先戰勝恐懼。

所以現在先把生死的哲學理論放一邊，討論一種逃避死亡的普遍心態——一再告訴自己，我們會永遠活在認識的人的心中。這種逃避死亡的策略，就是假設我們所愛的人，會產生某種可能存在，也可能不存在的情感……

年邁的索爾・布魯躺在自己的床上，忽然聞到最愛的水果甜餅味，味道還

飄上了樓。他用僅存的一點餘力從床上起來，靠在牆上，緩慢地離開臥室，兩手扶著樓梯欄杆，努力下樓。他上氣不接下氣地倚在門框上，朝著廚房瞧去。

若不是胸口的劇烈疼痛，他早以為自己已經置身天堂了。廚房餐桌上墊著許多餐巾紙，餐巾紙上擺著上百塊布魯最愛的點心。布魯展開笑靨，這是他忠誠的妻子蘇菲替他做的最後一件貼心事，希望他可以因此開開心心地離世。

布魯伸出顫抖的手，打算拿起一塊果餡卷。忽然，他被抹刀拍了一下。

「不准碰，」蘇菲說：「那是替告別式預備的。」

我們可以由此再更進一步，深入探討二十世紀神學家保羅．田立克（Paul Tillich）對「永遠是何時」提出的解答（結果答案是現在）。現在會一直不斷變成過去，所以現在是什麼呢？這真是個棘手的問題。

我們希望可以有些更具體、更紮實的死亡理論，所以接著要來研究古希臘哲學家對靈魂永生的看法。不過，首先我們要弄清楚什麼是靈魂（soul），靈魂和心靈（mind）有什麼不同，靈魂、心靈又與身體（body）有什麼分別，而這三者和殭屍之間的差異又在哪裡呢？

放希臘哲學家去「休息」之後，我們會談到天堂以及其他來生的地點。

這幾年來，佛萊德和克萊德常討論到來生之事，他們說好若誰先走了，就要試著聯絡還活著的人，告訴對方天堂的樣貌。佛萊德過世後一年，有天克萊德的電話響了，他接起電話，竟是佛萊德打來的！

「真是你嗎？佛萊德？」克萊德問。

「沒錯，克萊德，正是我。」

「接到你的電話真好！我還以為你忘了呢！快告訴我那裡是怎麼回事。」

「不說你不信，這裡真是太美好了！這裡有茂盛草原出產的美味蔬菜。我們每天早上都可以睡到自然醒，然後可以吃一頓豐盛的早餐，接下來的早晨時光就一直做愛。吃完營養豐富的午餐之後，我們會再到戶外繼續做愛。接著就到了美味晚餐的時間，吃完再繼續做愛，然後睡覺。」

「我的媽！」克萊德說：「天堂聽起來也太棒了吧！」

「天堂？」佛萊德說：「我現在是亞利桑那州的兔子。」

最後我們會舉一些死亡經歷來作結，諸如通靈、自殺以及一些用來逃避死亡的瘋狂新手段。

「等等，兩位。這聽起來根本是無事生非。」

誰在說話？

「我，在這裡！我叫戴瑞．福勤，住在下一條街。我帶狗狗賓克斯出來散步時聽見了你們的對話。我只是想說，死亡這檔事沒這麼複雜吧？你本來活著，然後就死了。全劇終。」

福勤先生，你真的這麼想嗎？就這樣？那，可以問你一個問題嗎？

你真的覺得自己會死嗎？

— PART 1 —

死神，
你到底要我怎麼樣？

我真的會死嗎？一定是哪裡弄錯了！

呃，戴瑞，你還沒回答。你真的覺得自己會死嗎？

「是啊，當然。人皆難逃一死。法蘭克．辛納屈就死了。諾曼．梅勒（Norman Mailer）也死了。拿破崙、杜魯門、成吉思汗還有我老婆的愛德納阿姨也都死了。按照這個邏輯，有一天我也會死。我確定自己會死，就跟我確定蘋果是往下掉、不會往上跑一樣。」

戴瑞，你說得很好，但我們問這個問題不是要你用二十一世紀的科學思考方法來回答眼見為憑的答案。我們要的是你「意識」中的答案，你在休息、放鬆時的意識的答案。那麼，現在，你真的相信自己的時日有限嗎？你真的相信逝去的每一刻都會從你活著的時間中被扣掉嗎？你真的相信人生到了盡頭時，自己所有形式的存在都會化為烏有？

……啥？戴瑞，說大聲點我聽不見。我們知道這是個很難回答的大哉問，也許我們可以替你解答。

我們猜你內心最深處可能並不相信自己會死，因為你是個文明人。不用因此感到羞恥——至少還不用。人類有個大毛病，就是我們的意識很難接受、消化死亡這件事。所以我們每一天、每一刻，都在抗拒死亡的概念。實際上，我們所身處的文明世界的社會結構、習俗會推波助瀾，讓我們更傾向於抗拒死亡。

二十世紀的文化人類學者恩斯特・貝克爾（Ernest Becker）在他的巨作《拒斥死亡》（*The Denial of Death*）中寫道，雖然客觀上我們知道人終必一死，但我們還是會想出各種伎倆來逃避這個能摧毀一切的真理（貝克爾的著作得了普立茲獎，但他在領獎前兩個月就過世了，走得最不是時候的應該就屬他了）。

人類抗拒死亡的原因其實很明顯：死亡這件事實在太可怕了！死亡是人類最終極的恐懼。這種恐懼會逼我們面對現實，意識到自己生而在世的時間非常短暫，一旦離世，就永遠回不來了。死亡的時鐘在耳邊大聲滴答作響，我們又該如何享受人生呢？

貝克爾認為，多數人用「幻覺」——「大幻覺」（the Big Delusion）來面對死亡。貝克爾表示，「大幻覺」是人類最基本的生存動機，比性慾還要基本。大幻覺進而造就了各種不同的「永生系統」，永生系統是非理性的信仰結構，使人相信自己可以長生不死。面對死亡，現在還有一種越來越普遍的策略，就是讓自己隸屬於某個可以延續至永恆的部落、種族或國家，成為其中的一分子。

另外還有一派人用藝術來達到永生，藝術家預見自己的作品永久流傳於人世，如此一來，藝術家本人也隨其作品在大藝術家的萬神殿中留存了下來，或至少可以以簽名在一幅日落寫生畫上的形式，被保存在後代子孫閣樓角落。

最炙手可熱的永生系統，可以在世界各地的宗教信仰中看到，例如東方信仰中，靈魂會作為宇宙能量的一部分繼續存在著，或是西方文化中，人死後與耶穌同在的世界。另外還有比較沒那麼崇高的「財富永生系統」。這個系統賦予我們每天早上起床的微小動力：上班掙錢。這樣我們就可以不去思考自己的大限。金錢也是人類進入權勢階級（另一個永存系統）的入場券。此外，這個系統還有一個附加好處：我們可以把自己的一小部分，也就是我們的錢財，留給下一代。

不過，買方自慎！（用白話文來說就是：投資一定有風險）

鮑勃得知重病的父親死後會留下一筆財產給他，便決定討個老婆一起享受這些錢，於是某天晚上，鮑勃來到了交誼酒吧，他在酒吧看到了一位美若天仙的女子。

鮑勃深受這位容貌姣好的女子吸引。他走向女子，對她說：「雖然我只是個平凡人，但我父親再一、兩週就會過世了，屆時我可以得到兩千萬美金的遺產。」

女子深受感動，當天晚上就跟鮑勃回家。三天後，女子成了鮑勃的繼母。

「早知道我應該多買點廢物的！」

在財富系統中，還有另一種方法可以達到永生：捐獻給大到不會倒的機構，最好還是能把你的名字刻在大樓正門的那種，或是乾脆一點，不假他人之手，直接替自己建一個紀念碑。

你可能會想，你發過「貧窮願」（或你是中產階級），所以此路不通，但貝克爾要你先別急著下定論。你在生活中可能還是有某些世俗的追求，讓你覺得自己可以永遠流傳於人世。舉例來說，你追求「潮」、「聖潔」，甚或是「自成一格」——這些都是一樣的。你仍舊是買了終極幻覺的帳，認為可以替自己微小脆弱的個體賦予更崇高的意義，藉此騙過死神，讓自己比生命更偉大……藉此戰勝死亡。

貝克爾說，只要你仍是文明人，這些幻覺就會持續下去。幾乎所有文明社會都會發展出一個普世的永生系統。實際上，這些系統是文化不可或缺的一部分。若沒有這些系統，對死亡的不安絕對會使人類喪心病狂，文明也沒有辦法延續下去，我們將會回到原始的叢林時代。否認死亡是文明社會的生存法則！

同一文化中的其他成員若和你有相同看法，要維持這樣的幻覺便容易多了，若是住在同一個屋簷下生活的人也有相同看法，那就更好了。來看看卡拉和她丈夫共有的幻覺：

卡拉在醫院對心理醫師說：「醫生，你得幫幫我老公，他一直覺得自己是台冰箱！」醫生回：「沒事，無須太過擔心。很多人多少都會有些無害的幻覺，過去了就好了。」

「不是，醫生，你不懂，」卡拉很堅持：「他睡覺的時候嘴巴會張開，但我只要一點微弱的光源就會失眠。」

令人遺憾的是，永生系統卻也會使我們做出不理智的行為。當我們認定自己隸屬於某一個系統，也盡其所能投入其中時，就會開始排斥其他系統。世界各大宗教間的衝突屢見不鮮，也因此帶來了一個嚴重的問題：不可能每個永生系統都是合理的，而其他系統一定是錯的。

不過，文明也發展出了解決方案：殺光意見不同的混蛋！只要這些人死了，我們對永生的看法就不會受到威脅。嗯，感覺滿管用的。

寫這什麼鬼話！

「你選錯教了，就是這樣，我沒什麼好說的了。」

宗教信仰及其永生系統殉道的事跡，可以在許多文獻中看到。克里斯多福・希鈞斯（Christopher Hitchens）寫的《上帝沒什麼了不起：揭露宗教中的邪惡力量》（*God Is Not Great: How Religion Poisons Everything*）是「新無神運動」的聖經，書中記錄人類為了延續自己的優良宗教信仰而幹的各種壞勾當。而超現實主義諧星依莫・菲利普斯（Emo Philips）講的一個故事道盡了這一切：

某天我在過橋的時候，看到一個男的站在橋上，準備跳下去。我跑過去對他說：「不！不要跳！」

「為什麼？」他說。

「世界上有很多值得你活下去的事情！」

「例如？」

「嗯……你有宗教信仰嗎？」

他說有。

我說：「我也是！你看，我倆有共通點！我們來聊聊！你是基督徒？佛教徒？」

「基督徒。」

「我也是！你是天主教還是新教？」

「新教。」

「我也是！那你是聖公會的還是浸信會的？」

「浸信會。」

「哇！我也是耶！那你是神教會還是主教會？」

「神教會！」

「我也是！那你是傳統神教會還是改宗神教會？」

「改宗神教會！」

「我也是！那你是一八七九年改宗的浸信神教會，還是一九一五年改宗的浸信神教會？」

他說：「一九一五年改宗的浸信神教會。」

我說：「去死吧！你這個可惡的異教敗類！」便把他推下橋了。

如果你很忙，菲利普斯還有一個精簡版：人一生中最難熬的，大概就是你不得不殺了自己最親愛的人，因為你覺得他是惡魔。

一個偉大哲學家的幻覺
是另一個偉大哲學家的智慧

貝克爾堅信，否認死亡是人類的大幻覺，而這種想法背後伴隨著一種「正統血脈」的心態。心理分析之父／潛意識學說之母佛洛依德在小論文〈幻覺的未來〉（The Future of Illusion）中提到，對死亡的恐懼促使人類創造並捍衛「神／宗教的幻覺」。因為人類在面對死亡時非常無助，所以我們的潛意識便自行創造出一個「天父」的角色，來幫助我們戰勝死亡。

佛洛伊德表示，這個天父角色也會獎賞善行，於是人類便有強烈的動機來抗衡各種反社會的天性，例如「亂倫、食人、嗜血」等。但最重要的是，這個終極的天父角色可以替人類減輕對死亡的恐懼，只要我們迎合社會的要求，祂就會賜予我們永遠的生命。

簡而言之，佛洛伊德認為「相信神」以及「相信神應許之永生」是用來幫助我們逃離死神的文化產物。

佛洛伊德從來不怕人非議，後來他也寫了《死亡驅力》（*Todestriebe*，常被誤譯為《死亡本能》）。佛洛伊德原始的假說是：生存本能（愛慾，Eros）是生命、愛情、愉悅感、生產力的驅力，也是人類最原始的動機。但是隨著佛洛伊德年紀漸長，他開始看輕人性，發現這一切之中也有其他決定性因素存在著（還是不怎麼美好的因素），因為生存本能並沒有辦法解釋戰爭以及混亂。所以，我們要來討論死亡驅力。

從正面角度來探討死亡驅力，它代表人類需要脫離刺激，尋求和平、寧靜，有點像是死亡的彩排、預演。佛洛伊德稱此為「涅槃原則」（Nirvana principle），也就是一種「把生命中一切紛擾轉化成無機的恆定狀態」的需要。而我們自身也會去滿足這項需要；曾經坐在沙發躺椅上看保齡球比賽的人應該都懂。

所以我們應該用死亡趨力來克制自己，對嗎？佛洛伊德可不這麼認為。死亡驅力非常強大，一旦被放了出來，就如同猛獸出閘。保齡球比賽是無法滿足這隻猛獸的，牠不但是受虐狂、還有自殺傾向！

所以我們應該要把死亡驅力轉而對外，是嗎？不！佛洛伊德不認為。因為這樣的結局便是謀殺、混亂和戰爭。哎呀！那到底要我們怎麼辦呢？

佛洛伊德說，去看心理醫生吧。心理治療的終極目標、生活的終極目標，就是平衡死亡驅力和生存本能，並在這兩者之中找到平衡。

心理學家榮格怎麼說？

曾師承佛洛伊德的瑞士分析派心理學家榮格（Carl Gustav Jung）辯道，雖然神、宗教、永生等觀念源自於我們的潛意識，但並不代表這些概念沒有任何實際價值。

也許人類的潛意識比意識更有智慧、也許被佛洛伊德認定是由潛意識捏造出來的東西，其實是潛意識對事實的印證、也許宗教不是我們虛構的，而是我們從內心發掘出來的、潛意識中的心靈（psyche）也可能可以代代流傳，自行進化、越來越聰明，而我們的意識僅能望其項背。

榮格認為，宗教其實反映了人類的心靈，因為宗教是「內心深處」的符號。這些符號是人類潛意識深處的產物，所以有著強大的揭示力量。只有在睡夢中、各種神祕的文化以及宗教裡，這些符號才會出現在意識中。

當人類的意識無法接觸到心靈的深處、與心靈分離時，我們就會發展出一些神經質症狀，例如「終極的無意義」引發的重度憂鬱。

「聽著，我沒辦法讓你變快樂，
不過我可以為你現在痛苦的原因提供一個十分吸引人的故事。」

靈魂出竅，真的可能嗎？

榮格若能再活久一點（他於一九六一年過世），可能就會開始借助迷幻藥來通往人類更深層、更高深的心靈層面。六〇年代，有很多人使用魔菇和迷幻劑來尋求超凡的頓悟，試圖了解（當時認為的）「更高的真實」（Higher Reality）。

不過就我們所知，藥物產生的這些感受都遠不及吉兒．泰勒（Jill Bolte Taylor）的親身經歷，泰勒曾在體外仔細觀察自己中風的過程，還歷歷在目、相當清楚。一九九六年，這位哈佛腦神經科學家在她左腦失能時見證了不可思議的景象。整個過程中，泰勒博士真切體驗了榮格所心心念念的「靈魂出竅」。

泰勒說人類的右腦負責處理當下所經歷的一切。右腦接受現在正在發生的視覺、聽覺和味覺刺激，用圖像思考法把這些訊息統整起來。在右腦中，我們是「完美、完整而美麗」的。我們認為自己是一種「能量存在」，和宇宙中所有的能量以及全人類的能量互相牽連。

另一方面，人類的左腦採取條理分明的線性思考。左腦會接受當下的刺激，找出其中的各種細節，將這些訊息和過去的學習經驗做連結，進而預測未來。左腦採語言思考而非圖像思考，告訴我們「我是」。在人類的左腦中，我們和周遭的能量流沒有關聯，和其他的人類也沒有關聯。泰勒中風的時候，左腦嚴重失能。

左腦失能時，泰勒開始感覺自己脫去了一切束縛，與宇宙中的所有能量合而為一。她感到平靜和狂喜。但同時，泰勒的左腦（大腦控管焦慮感的部分）還是會時不時地傳遞出「妳快死了！趕快尋求協助！」的訊息。但是在左腦無法完全正常運作的狀況下，要尋求協助簡直是不可能的任務。儘管她還是順利拿起電話找救兵，但當她想要解釋這一切的時候，卻只能發出狗吠聲。

後來在醫院的時候，泰勒覺得周遭非常吵雜、一片混亂，忽然又馬上感受到自己的靈魂在一片「狂喜之海」中浮了起來。

泰勒的結論是？她感覺世界上充滿了可以自由「移動到左腦右方」的人，這些人充滿了愛與和平。人類不僅僅是「推動宇宙的生命力」，同時也可以是和宇宙、他人完全無關的存在。最厲害的是，在某種程度上，人類有能力可以自行決定在哪個時間點要當哪一種存在[1]。

心靈會自行準備面對死亡？

泰勒的右腦經歷，正是榮格所說的「宗教經驗的深層潛意識來源」。榮格僅推測出宗教經驗的起源，但泰勒找到了這種體驗的確切位置。泰勒右腦的經驗顛覆了她左腦建構出的時空感。泰勒的體驗超越了一切：她成了所有不死之物的一部分。

榮格認為，潛意識中的心靈不僅能出於本能地意識到人之將死，同時也能接受死亡的事實。心靈會自行準備好面對死亡，通常在死前好幾年前就會開始進行預備工作。人類理性、意識的一面卻把死亡看作焦慮的源頭、醜陋的結局，然而我們的心靈、我們的右腦卻能擁抱死亡。

「媽呀，我想死亡不僅是棺材上釘這麼簡單，對吧？」

沒錯，戴瑞，而且恐怕比你想的更駭人。

恐懼是人類的終極導師

戴瑞，我們有壞消息跟好消息。你想先聽哪一個？

「先聽壞消息。」

好，是這樣的，死亡帶來的恐懼還不只這樣。

「很好。那好消息是什麼？」

好消息是，寫完這本書之後，我們要帶老婆去南法旅行！

但在那之前，讓我們回頭談談貝克爾。貝克爾認為，不論是心理學還是宗教組織，都無法幫助你逃避「人生沒有任何意義，然後你就死了」的事實。這兩者都無法解除人類面對死亡時產生的恐懼，也沒辦法緩解另一個焦慮——對有限之生命所產生的恐懼，更不能滿足人類對永生的渴望。

這些恐懼是人類與生俱來的一部分，不管我們喜不喜歡都無法避免（我們個人是很不喜歡啦）。更糟的論點是：人類是唯一會繳納「死亡稅」

的造物，稅金即為滿滿的憂慮。不過不用擔心，貝克爾說，我們有辦法可以發自內心接受人終必死的事實，然後凌駕其上，讓自己接觸更高的真實，同時也不需要去攻擊其他人信奉的永生系統產生衝突。

要了解這條通往永生的路，就需要回溯到比佛洛伊德和榮格還要更早的哲學觀念，看看十九世紀中葉的丹麥哲學家、神學家，也是存在主義之父的齊克果怎麼說。

多數人都不願意面對死亡帶來的恐懼，想要跳過這個階段直接進入幸福美滿的永生系統，直接一屁股坐上天堂大草坪的躺椅。但是貝克爾還有他的啟蒙導師齊克果一致認為，跳過死亡是沒辦法通往永生的。

如果我們逃避死亡，不去經歷可能的「永遠的空無」，如果我們不願意活在「不再存在」的可怕陰影之下，我們就會錯失可以超越死亡的唯一機會。齊克果認為，這是因為恐懼是人類的終極導師！

「等等，兩位！這丹麥人感覺很瘋耶！大家都知道讓初學者保持愉悅的好心情，學習效果會比處在壞心情中高。老實跟你們說吧，我聽這些東西聽得心情都壞了。」

戴瑞，我們懂。我們也注意到了，當你認真思考生命很短暫、死亡在即的真理時，你的身體會直打哆嗦，你的臉上會爬滿淚水，我們也必須承認現在不是學習的好時機，但請給齊克果一個機會，嗯，就算是尊敬死者的表現？

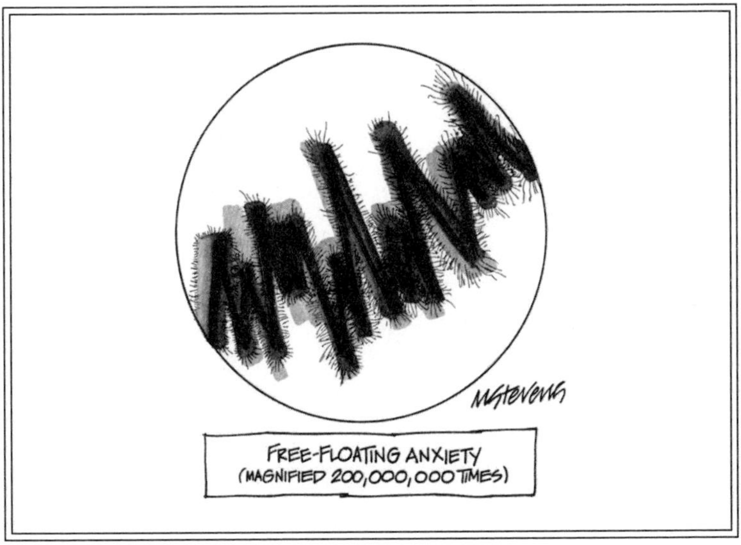

任意飄散的焦慮
（放大兩億倍）

齊克果「人的條件」

首先，我們要先來複習一下「人的條件」（human condition）。齊克果在《憂懼的概念》（*The Concept of Dread*）和《致死的疾病》（*The Sickness unto Death*）中，藉著一連串哲學和心理學的討論，得出了焦慮和絕望的意義。這兩本書的標題「正面」又「積極」，讓齊克果在丹麥成了暢銷作家，但是他感興趣的部分並不在個人經驗層面的問題（例如：你媽一直偏心你弟弟，你爸則覺得你是個魯蛇），而是必死之人會共同面臨到的問題。

老實說，如果齊克果還在世，他搞不好會認為現在心理治療所診治的精神官能症只是一種表面的治療，人類真正要面對的問題，其實是在死亡深淵的邊緣活出有意義的人生……

「時間到！別傻了！心理治療我懂的可多了。我自己之前就看過心理醫生，因為我有情緒管理的問題。總之你說對了，我的情緒問題來自於父母，我媽比較喜歡我弟史奇比，我爸就……你知道，就那樣。我這幾年來一直在壓抑自己的憤怒。而這些跟什麼死亡、什麼深淵、什麼有的沒的一點關係都沒有。」

戴瑞，也許真是這樣沒錯。但齊克果可能會說缺乏母愛其實只是個煙霧彈。身而為人本身就會存在恐懼和憂鬱，就算你媽再怎麼愛你，你爸再怎麼關心你也一樣。這些原生的恐懼和憂鬱正是你坐在沙發上，埋怨著某種特定的恐懼或憂鬱感的根本。

齊克果認為，人對事物產生的恐懼其實早在你坐在沙發上之前就已經存在了——這些恐懼來自於你終究難逃一死的事實。你努力想要解決和媽媽、史奇比，還有爸爸之間的問題，其實只是為了讓自己不去思考一切問題的根本——死亡！

如果說一般的精神官能症只是恐懼死亡的幌子，也許就能說明心理治療為什麼要花上這麼長的時間了。因為心理治療根本無法觸及問題的根本：死亡這檔事。

紐約心理治療計時器

——

你的療程已經進入了第十八年十四天又四十五分鐘

當然，一般的心理治療耗時甚久也可能有其他原因。諧星羅尼·沙克斯（Ronnie Shakes）說了一個這樣的故事：經過十二年的治療之後，我的精神科醫師說了一句話令我忍不住哭了出來。他用西語說：「No hablo inglés.」（我不會英語）。

絕望街車的人生

對齊克果來說，支配人類生活的，其實是人類原有的終極恐懼和絕望感，而非腦神經層面的恐懼和絕望。有些人會因為生命中過多的可能性感到喘不過氣：人生有限，我們很難掌控日常生活和幻想中出現的無限選擇。時間之少，然可能可以完成的事又如此之多。

現在，讓我們來看看一名「焦慮的普通人」在面對太多選擇時會出現的困惑：

我的吻技可以變得跟布萊德·彼特一樣好嗎？

我要放棄法律專業，改行做街頭藝人嗎？

我該怎麼過我的一生呢？

我該釋放內心深處的女性特質嗎？還是要展現我陽剛的一面？

我應該要努力當個超人媽媽，一邊經營建設公司嗎？

我該跟郵差發展婚外情，讓自己的幸福家庭生活受到波及嗎？

我該拒絕出軌，最後帶著遺憾死去嗎？

我該吃桃子嗎？還是巧克力棒？魔菇呢？

我是個魯蛇嗎？

如果我有無限的時間，我可以盡可能嘗試各種不同的選項。但是死亡卻替我個人的可能性設下了限制。因為我的人生受時間限制，我不想要浪費四十年努力練習如布萊德．彼特的吻技。更糟的是，光是思考是否要練成如布萊德．彼特的吻技就已經很浪費時間了。因為時間不會停下來等我思考。滴、答、滴、答。這就是你的終極解答嗎？

Just Do it，就去做吧！

正是這種掙扎，讓當今的存在主義者：耐吉大企業的銷售部門，想出了經典台詞「Just Do it」。

但是耐吉在非洲文化中碰壁了。耐吉在肯亞拍攝了一支登山鞋的廣告，廣告主角是桑布魯部落（Samburu）的族人。攝影鏡頭拉近到其中一名族人身上，這名族人用馬語系（Maa）方言，平淡地吐出了幾個字，同時廣告字幕打上了「Just Do it」。

這支廣告在美國播放的時候，辛辛納提大學（University of Cincinnati）一位人類學家發現這名桑布魯人說的其實是：「我不想要這種鞋，我想要大鞋子！」

耐吉發言人尷尬地表示，拍攝當時實在找不到「Just Do it」的翻譯，所以就讓桑布魯人說自己想說的話。總而言之，從齊克果的觀點來討論這支廣告，這個桑布魯人就是：對自己的選擇毫不遲疑的經典例子。

哎！要在有限的生命中作出有意義的決定，這種壓力已經夠讓人抓狂了，依照齊克果的看法，我們對「我是誰」還有「我可以成為什麼」的疑惑，更可能會把我們推向恐懼邊緣，甚至使人精神分裂，就像走進精神科診間的男子一樣，對醫生說出：「我搞不清自己是誰……我也搞不清楚誰是我。」

要逃離齊克果這種「該做什麼」的存在煉獄，其中一個誘人的妙方就是完全關機。為了避免面對太多選擇時產生的恐懼，最好與世隔絕。

讓我們再次召喚出「焦慮的普通人」，看看這樣做會發生什麼：

起初我先麻痺自己。自我麻痺是對抗恐懼的妙方，短期來說的確是。但我現在感到孤立無援，我離親朋好友、我養的狗莫西、我的約翰．迪爾牌除草機、還有天主教哥倫布騎士會都好遠好遠。而我找不到回頭路，回不去了。

當我打算什麼都不做的時候，「Just Do it」的信念就不管用了。一開始我打算逃避無力的恐懼感，但這個策略反而讓我感覺更無力了。想當初我還因為沒有布萊德．彼特的吻技而心情不好。唉，那時還真快樂。因為我麻木了，我現在覺得自己了無生氣，根本沒辦法好好當一個人類，遑論還要練習吻功。

但我對於身而為自己仍然感到痛苦。我只剩下兩個選擇：用爆吃反式脂肪之類的方法永遠解除這種痛苦，或是試著在自己的策略中找到漏洞。

解脫的方式

有個辦法好似可以幫助我們解脫——齊克果說：「繼續自我禁錮，但要讓這變成一件樂事！」

再來看看「焦慮的普通人」怎麼說：

> 是這樣的，我對一切是有意識的。我可以綜觀全局卻不拘泥細節。人生就像是一場嘉年華會，而我坐在貴賓席觀賞。天啊，這場盛會真是太棒了，更棒的是我不用參加遊行。現在，我會出席哥倫布騎士的聚會，但是在聚會中我會保持著一種微妙的距離。老實說，我覺得還滿有趣的。

只是你可能會想問，既然如此，為什麼太陽都還沒下山，我就已經點了

三杯馬丁尼？

別擔心，要擺脫絕望，齊克果還有一張牌，就是「在生活的瑣碎事物中迷失自己」，藉著各種日常活動讓自己平靜下來——沒問題！

「焦慮的普通人」表示：

我感覺很不錯。我的日常生活都在我的黑莓機上排定好了。每一天的每一刻我都有事可做：六點到六點十五分喝第一杯拿鐵；六點十五分到六點四十五分上跑步機；六點四十五分到七點收發電子郵件、上臉書；七點到八點一邊聽德巴克．喬普拉（Deepak Chopra）的有聲書一邊開車到心理醫師的診所；八點到八點五十與剛札拉醫師討論我的自信問題；九點坐下收訊息……

哇賽！真充實。一天二十四小時，一週七天無比充實。

無法擺脫的自我

一個人最在乎的就是自己

但，等等。後照鏡裡好像有什麼？看起來像是一個穿著黑浴袍的男子騎在慘白的馬上。是下了班的騎警嗎？天啊！是死神本人！怪了，我的黑莓機上沒有記到「這件事」啊。

齊克果最後一個恐懼逃脫術是：勇敢地做一個「違抗的自我」（defiant self），創造自己的價值。

我在床邊桌上擺滿韋恩・戴爾（Wayne Dyer）、艾克哈特・托勒（Eckhart Tolle）和瑪莉安娜・威廉森（Marianne Williamson）的心靈勵志書。要正面思考！要勇敢追尋困難的理想！要預想偉大的目標！還要掌握吸引力法則的神奇力量！這樣一來人生就會充滿意義，活著的意義就可以超越死亡。這樣一來我就可以得永生。就像勞倫斯・盧蘭（Lawrence Luellen）一樣，一舉永流傳。

你不知道勞倫斯？就是免洗紙杯的發明者呀！

戴瑞，你現在大概在想，如果自己一團糟，怎麼辦？如果你一次有很多不同的生活策略，導致你大多時候都搞不清楚自己的定位，怎麼辦？舉例來說，假設你同時感到很亢奮又很沮喪？就像度假中的躁鬱症病患寫給精神科醫師的信一樣：「我在這裡很開心，但又很想死。」

> 女演員莉莉・湯琳（Lily Tomlin）點出了想要成就大事時，必須面對的一個實際問題：**我以前總想著要出人頭地（be somebody），但現在回頭看，我發現當時應該要設定更明確的目標。**

「不，我不是在想這個！我心裡想的是，齊克果還是很難懂，更煩的是，他搞得我很憂鬱。」

喔，那好吧，不過，齊克果還有個終極手段。

最後這個解脫方法不需要走到自我麻痺、自我禁錮、庸庸碌碌還有自我實現的死胡同裡。但還是得先給你打預防針，這不會太容易喔！

「恐懼本身就是一切的解答。」是不是很酷啊，戴瑞？唯有勇於面對有限的人生，勇於承受其帶來的恐懼時，我們才能超越死亡並與永恆聯結。借用完形心理學（gestalt psychology，又稱格式塔心理學）[2]的比喻，「無存」（Non-Being）是「存在」（Being）的基礎，沒有無存，我們就無法感知存在。只有當我們願意放下所有幻覺，承認自己迷失又無助，意識到自己不敢脫離自我、不敢脫離這種虛假的安全感的時候，齊克果所說的「信仰的飛躍」（the leap of faith）才有可能發生。

我們實在不得不再次引用那個歷久不衰的笑話（魔鬼引誘我們說的），而這也完美詮釋了齊克果對一個人是否準備好要進入信仰飛越的看法。

需要提升的自我

群體中的自我

一個人跌入一口井裡，往下墜了一百英呎後才抓住一根纖細的樹根，停止了下墜。但他的手漸漸滑脫，於是他在絕望中大喊：「上面有人嗎？」

他向上看，只看見圓形的穹蒼。此時忽然撥雲見日，一道光芒往下射在他的身上。一個低沉的聲音如雷貫耳：「我是造物主，我在這裡。鬆開手，我會救你。」

這個人想了一下後，大喊：「還有其他人在嗎？」

戴瑞，齊克果戳中了你對死亡的恐懼嗎？戴瑞？

戴瑞？人呢？

死亡才是正道！

戴瑞不在真是太可惜了，因為我們有振奮人心的好消息要告訴他。這消息是十九世紀的德國哲學家叔本華（Arthur Schopenhauer）親口說的。叔本華認為，人類無須對死亡感到焦慮，因為死亡是人生的終極意義，就像是終極成就一樣。

「啥？這什麼瘋言瘋語？」

喔，戴瑞出現了，原來你縮成一團躲到院子的前廊底下了。深呼吸，冷靜。我們知道這不是你想聽的答案，也知道這聽起來蠻令人喪志，但叔本華的理論需要花一點時間才有辦法品味。

其實老叔對於死亡有很多有趣的看法。其中一個是，他認為生命其實是不斷死亡的過程。仔細思考，你就會發現「過去」不過是死亡的儲藏室，裡面存放著一堆不復存在的事件，永遠找不回來，也無法再次取得，就和門釘一樣死寂（或睡鼠，取決於你要用什麼做比喻）。老叔把一句正面的老格言「今天是你餘生的第一天」反轉成「今天是從你死亡開始算起的最後一天，至少目前是如此」。

過去即現在

總而言之，老叔說我們緊抓著生命不放是因為我們有種奇怪的「生存慾望」，但這種慾望與人類的幸福互相抵觸，因為它使我們無法接受自己真正的結局：死亡。嗯……叔本華就是因為有這些想法，才沒有人想邀他參加慕尼黑啤酒節好嗎！

「兩位，等等，叔本華說我對生命的熱忱是『奇怪的生存慾望』？他的想法才奇怪吧！他根本頭腦有問題！你們還拿出來說嘴。」

戴瑞，有點耐心。你得先敞開心胸聽聽這些說法。沒錯，老叔的哲學觀點是有點非比尋常，而且他的厭世情結（Weltschmerz，直譯為：世界的痛苦）很極端的。但如果你只是圖個好心情，那直接去看實境節目《家庭大改造》（*Extreme Makeover*）不就好了？

死刑犯的「生存慾望」

一名義大利人、一名法國人以及一名美國人準備接受死刑，他們可以自由選擇最後一餐要吃的食物。

義大利人東尼說：「我要一大碗海鮮醬義大利寬麵。」他在享用了義大利麵之後便被處決了。

下一位是法國的皮耶。他說：「我想要一碗熱騰騰的馬賽魚湯。」他細細品味每一口湯後便被處決。

最後輪到了美國的比爾。比爾思考了一分鐘後說：「我想要一大碗新鮮草莓。」

「草莓？」典獄長說：「現在根本不是草莓季。」

「沒關係，我可以等。」

老實告訴你，叔本華還有比這更掃興的想法——他說：死亡是用來逃脫生命的慰藉。他引用了拜倫勳爵（Lord Byron）的詩來支持自己的想法，以表達他對生活中微不足道的小幸福是如何不屑：

算算每小時中的樂子，
數數沒有恐懼的日子，
同時明白，不論你經歷了什麼，
這一切都還不如不要經歷。

叔本華甚至在著作的其中一段下了一個很「狂」的結論：想想生命中所有的心碎時刻，便會感覺不如乾脆不要活著！

兩位老紳士山姆和喬伊坐在公園長椅上聊天。山姆說：「唉，我這一生中麻煩不斷。經商破產、老婆重病、兒子做賊。有時候真覺得不如一死。」

喬伊說：「山姆，我懂。」

山姆：「最好是根本不要被生下來。」

喬伊：「是啊，但誰能這麼好運？機率大概是萬分之一吧！」

但，等等，叔本華堅稱自己不是悲觀主義者。他雖認為生命是一連串痛苦和麻煩的源頭，但這不代表我們可以說他的哲學理念是：「人生苦短，終究一死」。相較於悲觀主義，叔本華的理論其實比較趨近於佛家觀念。他讀過早期的佛經（歐洲翻譯版本），並認同佛家的說法，認為世間所有存在都在受苦。叔本華也認為即便如此，最終這一切都不重要，因為世俗世界只是個幻覺。

叔本華認為只有「意志」（Will）才是實際的真實，叔本華所謂的意志指的是盲目、非理性、無目標的一種力量，這種力量可以推動世界以及其中萬物之運作。

簡而言之，有什麼好悲觀的呢？反正令人煩心的一切事物，本來就不是真實的。

「四十歲生日快樂！
我要奪走妳上臂的肌肉線條、
妳的少女音色、妳對咖啡因的超強耐受性，
還有妳對薯條的消化能力。
其他部分妳可以保留。」

對叔本華來說，這個幻覺世界中的生命問題在於「個人的意志」會脫離「超越的意志」（transcendental Will），開始自行發展。並且從脫離的第一秒起，個人意志就會與塵世中的各種幻覺產生牽絆。叔本華認為，這些幻覺包羅萬象，舉凡個人職涯目標到愛國情操，乃至個人的宗教信仰，都屬於此。這些羈絆會導致個人意志與他人的個人意志產生衝突及對立，進而使整個世界陷入苦難之中。

與此同時，其中一個羈絆就是想要繼續活下去的心態：人類擁有瘋狂的「生存慾望」。戴瑞，你覺得人能自我毀滅到什麼程度呢？想要活下去的慾望只會讓人類更加痛苦！所以我們必須在這個沒有意義的表象世界中學著放下，學著接受事實，認識到生命和死亡都不是真的。

還是覺得叔本華聽起來很悲觀嗎？那是因為你還沒聽到好消息：意志本身永不會死！意志不會經歷「死亡之事件」，因為「事件」僅存在於表象的世界中。而意志是堅不可摧的。

一掃陰霾了吧，戴瑞？

你知道嗎？我們自己是真的覺得舒坦多了。是啦，至少我們感覺稍微明白了這種神祕的生死觀。嗯，至少每週二、四、六明白，其他日子可能又會覺得有點縹緲。

在整個哲學史中，哲學家一直努力想要找出「存在與無存」、「生與死」之間的關聯。這些基本問題令人感到困惑，然而，在我們感到疑惑、恐懼、又充滿紛擾的日子中，卻反而好像「霧裡看花」一般，模糊地看見了「生死」和「有無」的意義——沒有「無存」就沒有「存在」，反之亦然。更甚，「存在」與「無存」一直處在對立的緊張狀態中。這是最根本的「宇宙大戰」。假設叔本華在這場戰爭之中與他稱之為「意志」的「存在」站在同一陣線，那叔本華其實搞不好根本就是個比較怪了點的樂觀主義者。

戴瑞和叔本華的對話錄

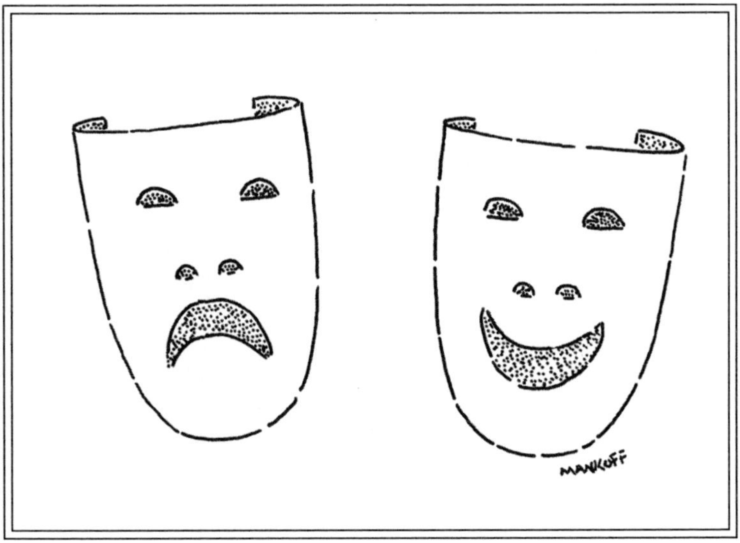

「我不懂。」　　「你永遠不會懂的。」

海德格啊海德格，你到底在說什麼？✦

戴瑞，聽好囉，因為接下來這傢伙說話非常繞口。

這位二十世紀的德國存有主義學家馬丁．海德格（Martin Heidegger），他對死亡的看法在現代是最常被引用的。不錯吧！不過，前提是我們得先搞懂他到底在講什麼：

要好好思考「存有」（Being），就要先忽視「存有」到一個極致，以「存有者」（beings）爲基礎，靠著這些「存有者」來解釋「存有」並作爲「存有」之根本。要以形上學思考。[3]

聽懂了嗎？我們特別喜歡他最後說的：「要以形上學思考。」另外海德格還說過：時間並非「事物」，所以它什麼都不是，但時間有其恆常不變之特性，它會不停地逝去，不同於時間內的「存有者」。[4]

還能說什麼呢？我們只能衷心希望，用德文來讀海德格的哲學會比較好懂。從另一句引文中可以看出，海德格本人似乎也這麼認為：德文可以傳達存有的意義，其他語言只能討論存有[5]。

不過到頭來，海德格也曾說：「若試圖想要讓哲學變得簡單明瞭，只會扼殺哲學的本質[6]。」謝啦，海德格，這下我們可以重建尊嚴了。

我們需要有人幫助我們更了解海德格。所以，戴瑞，你有聽懂他到底在講什麼嗎？

「啥？」

海德格之所以在當代死亡哲學中，扮演著至關重要的角色，並不只是因為讀者從頭到尾讀完他的大作《存有與時間》之後，從存有的角度來看簡直是要死了。海德格對死亡哲學的最大貢獻是：他要我們正面迎擊死亡，因為唯有如此，我們才能過一個真實的人生——誠實地活著，並明白生命真正的意義。若不能意識到死，我們充其量只能算是半活著。

「好險你來了——
如果沒有死線，我什麼事都無法完成。」

有一位學者說，海德格把這個概念闡釋地非常清楚：

如果能接受死亡是生命的一部分，清楚認識並且坦然面對死亡，我就可以不被對死亡的恐懼以及生活中的瑣事所禁錮——只有在這個前提之下，我才能自由自在地做自己。[7]

海德格特別強調，只有人類能意識到自身之必死，波斯貓等存有就沒有這種意識。波斯貓為了避免我的狗狗莫西把牠吃掉，可能會發瘋、狂咬，但是貓咪並不知道如果自身離世，面對的其實是「大空無」（Big Void）狀態。對死亡的意識是「人的條件」中特有的基本特質，而死亡又恰好是「人的條件」中的條件。

但是，多數人都壓抑著這種死亡意識，盡量不去想它。我們都活在對死亡的逃避之中，海德格認為這樣根本不算真正活著。唯有清楚意識到即將到來的終結，人類才能完全了解生命。

逃避女王的故事

神父在講道時告誡會眾，死之將至總是突然。他大聲疾呼：「在又一次日落之前，教區內的某人可能就會死了。」

會眾前排有一位愛爾蘭的年長女士，她大笑了出來。

神父有點不高興地說：「哪裡好笑了？」

女士說：「嗯，我不是這個教區的人。」

「memento mori」——對抗逃避的終極武器

在羅馬仍說著拉丁語的年代，「memento mori」是一句非常流行的諺語，唸起來還押頭韻呢。我們兩個當初拉丁會話都被當了，但還是知道這句話的意思是「勿忘人終將一死！」或是較近期有人翻譯成：「別忘了你會死！老兄！」

這句話出於古羅馬一個男童僕之口，男孩當時跟在凱旋歸來的戰爭英雄後面，重複說著這段話。這句話的意思是想要提醒大英雄：「沒錯，你今天是世界之最，但有一天你也會淪為狗食，和我們沒有不同！」。

「memento mori」是消弭人類差異之嘉言，這句話力道強大，更勝「嘿！就算是大英雄，早上起床也要穿襪子」或是「就算是皇后，上廁所也得蹲下。」

在其他情境或其他年代中，「memento mori」比較像是用來提醒我們要把握今天，要我們「吃吃喝喝吧，因為明天要死了」（套用先知以賽亞的話），或是在基督教時代中，要我們過著合乎道德標準的生活，因為審判之日（人死後的第一個週二）近了。

「memento mori」在各種不同形式的藝術作品中（如繪畫、文學和音樂）也有相同的提醒功能，像是弗蘭斯・哈爾斯（Frans Hals）的《舉著骷髏頭的青年》（*Youth with a Skull*）或小漢斯・霍爾拜因（Holbein）的《死亡之舞》（*Dance of Death*，幾具屍骨在墓地裡跳著舞）；莎士比亞劇中哈姆雷特與尤里克（Yorick）頭骨的「面對面」自白；還有聖桑（Saint-Saëns）的交響詩《死之舞》（*Danse Macabre*）。不久之前，麻州大巴陵頓（Great Barrington）的瓊斯資源回收場還展出過一個裝置藝術：玻璃盒子裡擺著一具骷髏，上頭寫著「我曾經和你一樣，你將來也會和我一樣」，招呼著前來回收場的人。

這些，夠讓你感到煩躁了吧。

好吧，所以萬萬不可逃避死亡——我們懂，應該懂。但還是給海德格一個機會，讓他繼續闡述他的想法吧。海德格又進一步表示，與其說等待死亡的恐懼會妨礙生活，不如說預期死亡時所產生的恐懼，反而會帶來一種「不可動搖的喜悅」。

「等等！兩位！怎麼又一個瘋子！所以海德格的意思其實是說：『耶！我會永遠滅絕！太酷了！』——這樣嗎？」

戴瑞，老實跟你說，海德格的確有些滿有趣的想法。這麼想吧：假設你是NBA球星凱文．賈奈特（Kevin Garnett），現在正在打季後賽第七場。這可不是週四晚間在夏洛特開打的枯燥例行賽，所以你一定會打得更賣力、更使勁。海德格認為例行賽是「日常」（everydayness），是終極的索然無味。所以就坦然接受吧，戴瑞，此時此刻你正在打季後賽的第七場，能走到這一步多爽啊！

對海德格來說，最糟的情況就是擁有長生不死的靈魂。這是一個詛咒，把我們困在永無止盡的週四夏洛特例行賽中。

好消息和壞消息

醫生：我有一個好消息和一個壞消息。
病患：好消息是？
醫生：診斷報告出來了，你還可以活二十四小時。
病患：這是好消息？那壞消息是？
醫生：我昨天忘記打給你了。

討價還價

馬蒂請路易士醫師替他做健康檢查。經過仔細的檢查後，醫師對馬蒂說：「馬蒂，有個壞消息要告訴你。你只剩下六個月可活了。」
馬蒂嚇呆了。過了一陣子，他說：「醫生，這真是個壞消息。那我必須老實說，我現在還付不出看診費。」
路易士醫師說：「好吧，那你還有一年時間還錢。」

海德格下鄉去

海德格要我們活在死亡陰影下的訓誡，受到很多哲學家推崇。甘地（Mahatma Gandhi）曾說：「像明天就會死去一般活著，像你會永遠活著一般學習。」英年早逝的電影明星詹姆斯．狄恩（James Dean）也說過一句經典佳句：「如同你會永遠活著般作夢；如同你明天就要死亡般活著。」

但我們最喜歡的作品還是西洋鄉村歌手提姆．麥克羅（Tim McGraw）的《活得彷彿沒有明天》（*Live Like You Were Dying*）。歌詞在述說一名四十多歲的男子，從醫生口中得知他所剩時間不多。副歌裡，男子對朋友說：

我去高空跳傘
我去爬落磯山脈
我在一隻名為傅滿洲的公牛背上待了二點七秒
我愛得更深、話說得更甜
我原諒了自己一直抗拒原諒的人
希望某天你也可以有機會，如同即將死亡一般活著

海德格上好萊塢

羅伯．雷納（Rob Reiner）導演的《一路玩到掛》（*The Bucket List*）中，兩位患有絕症的六十歲老翁逃出癌症病房，決定完成死前想做的所有事。他們的清單上有刺青、去中國看長城、開賽車、玩高空跳傘（好像我倆以外每個人死前都想做這件事）、征服喜馬拉雅山，以及找到夢中情人。兩位主角一路上把正面迎擊死亡時產生的感觸化作語言，道出了各種經典佳句，如：「別錯過任何一間廁所」、「硬了就不要浪費」、「屁要小心放」。

這不是一場心靈探索之旅，卻也是在生活中與死神的正面交戰。說白點，《一路玩到掛》並不是在描繪兩個把每天當作最後一天活著的人，劇中兩位主角是真實的要死了。但對海德格來說，這兩者並沒有不同：人終將死，而死期究竟為何時，又何必掛心。

【白話版】沙特的存在主義 ✦

法國的存在主義學家沙特（Jean-Paul Sartre）讀了海德格的著作後（在雙叟咖啡館中同一張桌子連讀了六天，據咖啡館服務生所說），寫下了自己的存在主義死亡觀點。沙特表示，死亡的意義就是「『對己存有』（for-itself）被永遠改變了，成了『在己存有』（in-itself），並且沒入了過去之中」。[8]

有哪裡不懂嗎？法國人說話好聽多了，不是嗎？

「對己存有」是沙特對人類意識的看法，他說人類意識之所以稱為「對己存有」是因為意識並非實體。如果意識是個實體，它就會是「在己存有」。

「這些哲學家就不能說正常的英文嗎？」

戴瑞，首先，沙特是法國人。

「嗯，是啦，但這法國人說話真的不清不楚。」

沙特的意思是說，人類沒有「本質」，不像橡膠小鴨一樣有個預設目的。「在己」的人類什麼都不是；但另一方面，橡膠小鴨就很有意義，曾經泡澡泡過三小時的人應該都會認同。

沙特認為人類和橡膠小鴨有個很主要的差異，就是人類可以選擇自己想要當什麼，進而決定自己的本質。當然除此之外是還有其他差異，但人類是「對己存有」，是自己的造物主，而非「在己存有」，為了某種特定的目的而受造。

至少這樣想之後，我們就可以自由自在地重新定義自我。但，唉，多數人都有個壞習慣，就是等著想變成「什麼」，這個「什麼」不是桌子、不是桌燈、不是浴缸，而是某種人類的角色，就像是把自己的身分融入到職業、國籍或是在高爾夫球界的成就中。

這樣，我們便進入了「非本真」，這是一種活死人的境界，就像沙特的服務生一樣，認為咖啡館的工作就是他的本質。真是個傻孩子，他沒有看見自由的可能性，沒看見超越自己目前角色的可能性。

他會維持這個狀態，直到死去。死後，我們就成了實際的「事物」。這時的我們就有了明確的定義，用輕鬆點的說法好了，這個定義就是一塊腐肉。

逝去的「對己存有」

「你們冷凍食品區的火雞都好小，能再大點嗎？」

「女士，牠們死了，不會再長大了。」

如何讓後人記得我？✦

「兩位，我的恐懼指數已經快要爆表了，來個中場休息如何？你們手邊還有什麼笑話嗎？」

天啊！戴瑞，你想在恐懼感逐漸堆加的當下解除恐懼嗎？存在主義學家聽到會不開心的。但我們的確也覺得暫停一下、喘口氣是個不錯的想法。在學者歐內斯特．貝克爾的永生系統清單中，就有個具備明顯瑕疵的項目——讓後人永誌不渝的永生方式。而我們剛好有很多關於這個永生方式的笑話。

首先來看看兩位智者怎麼說：「我為什麼要在意後人？後人有替我做了什麼嗎？」這句話出自格魯喬．馬克思（Groucho Marx）之口。而格魯喬．馬克思的哲學接班人伍迪．艾倫（Woody Allen）則說了一句更絕的話：「我不想要活在大家心裡，我想活在自己的公寓裡。」

智者們主要想傳達的是，「活在後人的心中」，和我們心裡想要的「永生」有很根本的差距，活在後人心中的我們並沒有自我意識。你可能可以活在他人的記憶中，但你不會有自己的意識。

而且貝克爾忽略了一點，從紀念物中獲得永生，相較之下比較直接。因為這樣你就不用設法替自己在天堂爭取一席之地，在地球上，各種紀念物都已經有了方便的系統和現成設施。在這個時代，要找到在未來紀念自己的方法一點也不難，用谷歌就可以搜尋到雕塑家，你可以鍵入：「紀念雕像」、「新澤西貝永市」等等。

替自己在公園中央豎立一個放大的雕像，向來是達成這種永生的好方法。只要打給當地的雕塑家，然後捐獻個幾百萬給你所在的城市就可以了。刻有你名字的大樓或大道也可以。請耶魯教授替你寫一篇洋洋灑灑的傳記，再附上照片以及三十頁的註解也滿酷的，但是很不幸的，公園空間有限、大道數量也有限，願意替你寫傳記的耶魯教授也不多，何況花了葬儀費用之後，很少有人還能剩個幾百萬來蓋公共紀念碑。

佛萊德・飛利浦
1944 年生
隨心所欲，不顧後果 1967 ～ 1979
謹言慎行，承受後果 1980 ～ 2007

所以我們這些人的選項就只剩下了訃聞、悼詞、性價比高的葬禮、遺願和遺囑，還有贈與後世的最後遺言。除了這些微小的紀念物之外，可能我們能留在認識的人（近親和摯友之外的人）心中的就只有：「戴瑞真是個幽默的人。」但是再下一代的活人心中就只會剩下：「咦，以前是不是有個叫戴瑞的人啊？」，聽起來很悲傷，卻是不爭的事實。

「兩位，我要聽笑話！我心情還是很差！」

戴瑞，別急，再等一下下。總得先設定情境，才能開始說笑話嘛。

總而言之，肺腑動人的訃聞、幾句扣人心弦的美言，或是措辭巧妙的遺言都可以讓我們在後人心中留下印象。原則上，這些東西可以成為在世的人用來紀念我們之憑藉。所以你也許可以想一些務實的方法，好好規劃一下要如何在世人心中達到永生，也最好順便想想，欠缺妥善規劃的紀念儀式會帶來什麼負面影響？

史丹利・哥法博過世了，他的親人和教友於晚間聚在一起禱告、哀悼。到

了教友致詞的時間，竟沒有人起來說話。等了幾分鐘之後，主持儀式的拉比有點不高興了，他提醒大家，既然要參加喪禮，就應該要準備好替哥法博說些美言。「一定有人能說些他的優點！」

又是一片沉默，過了一陣子之後，後排一位老先生站了起來，支支吾吾地說：「我來替他說點話吧，他哥莫里斯比他還要爛。」

幾乎沒有人有機會參加自己的喪禮，但就是會有控制狂想要審慎，親自規劃自己的喪禮，甚至還當起鬼影寫手（應該可以這麼說），幫別人寫自己的悼詞。當然，這些人這樣做也不無道理。這些謹慎規劃自己後事的人，很清楚喪禮可能會出哪些差錯，首先，找廉價的殯葬業者就是其一：

米契過世了。他的妻子裘蒂來到了殯儀館。裘蒂一看見丈夫的遺體便哭了起來。工作人員試圖安慰她，裘蒂邊哭邊解釋說米契現在穿著黑西裝，但他想要穿藍西裝入土。

工作人員說，給亡者穿黑西裝是標準作業流程，但他會想辦法處理。

隔天裘蒂回到殯儀館見米契最後一面，她看到米契時帶著微笑流下了眼淚——米契現在身上穿著藍色的西裝。裘蒂問工作人員：「你怎麼弄到這套漂亮的藍西裝的？」

「是這樣的，昨天妳離開後，來了一具男往生者，他的身材跟妳丈夫差不多，身上穿著藍色西裝。男子的妻子非常生氣，因為她先生一直希望可以穿黑西裝入土，」工作人員接著說：「接下來就容易了，把頭換掉就好了。」

「他是一個很『單純』的人——
他愛吃的東西是焗烤起司通心粉、清蒸高麗菜、
四季豆、水煮洋蔥和炸玉米餅。」

如何規劃一場難忘的葬禮？

下葬時，身上的行頭也有些經濟面的考量，如果你入土時穿著租來的燕尾服，那你算是擁有這件衣服嗎？一流的喪禮一定要和天鵝湖一樣，有著完美無瑕的演出。只要有一個小失誤，所有參加葬禮的人之後想到你就會想到這個失誤，而非你多年來在綠化貝永協會的犧牲奉獻。

傑克過世了，葬禮辦在紐約的伍德勞恩公墓。傑克的妻子珍妮佛跟他在一起超過四十年了，她眼眶裡轉著淚水。葬禮接近尾聲，棺材準備被推出去時，載著棺材的推車輪子不小心撞到了門框。大家都嚇到了，因為棺材內傳出了微弱的哀號聲。大家立刻打開棺材，發現傑克居然還活著！真是天大的奇蹟——世上若真有奇蹟就是如此。

珍妮和傑克又一起度過了十年的光陰，然後傑克又死了。這次的葬禮還是辦在伍德勞恩公墓。葬禮接近尾聲準備推出棺材時，珍妮佛大叫：「小心門框！」

要辦一場令人難忘的喪禮，還有一點需要考量，就是出席率。空蕩蕩的座位意味著你的永生會大打折扣。可以的話，盡可能在不會有什麼其他活動的日子舉辦喪禮。

喬的公司送了他一張超級盃的票，但當喬抵達比賽現場時，發現他的座位在球場角落的最後一排。第一節打到一半時，喬用望遠鏡看到對面的第十排有個空位，位置就在五十碼線附近。他決定碰碰運氣，便往空位移動。

喬坐下後和坐在旁邊的男子說：「不好意思，這裡有人坐嗎？」

男子說：「沒有。」

喬說：「太好了！怎麼會有人有這麼好的票，還不來看比賽？」

男子說：「嗯，其實這也是我的位置。我本來要跟老婆一起來的，但她過世了。我們一九六七年結婚到現在，這是第一次沒一起看超級盃。」

喬說：「真是太遺憾了。你怎麼不找人一起來看呢？朋友？親戚？」

男子說：「他們都去參加葬禮了呀！」

永生公墓

若要靠訃聞、悼詞、遺言，甚至是墓誌銘來保存生前的事蹟，都會遇到一個大問題——保存期限。我們甚至還聽說美式水果蛋糕（譯註：加入烈酒和大量糖粉用來防腐的果乾堅果蛋糕）的保存年限比墓碑長一千年。不過好險，數位世界改變了這一切。

美國加州有個很熱門的墓園叫做「好萊塢永生公墓」（Hollywood Forever），他們會把對亡者的頌讚放在網路上，永遠流傳於後世。是真的，沒跟你開玩笑。而且這裡的頌讚還不是一般的普通讚詞，是全彩的電影回憶錄，影片還富有精彩的剪接手法和華麗的背景音樂，如芭芭拉．史翠珊清脆嘹亮的〈回憶〉。

這些專業水準的電影不僅會在喪禮中播放，與會人還可以帶著精裝版DVD回家，甚至可以在「好萊塢永生公墓」中隨處可見的影片播放站點選觀賞。最厲害的是，這些傳記影片都是由主角親自編劇、擔綱演出的，不過當然是在他脫離世俗紛擾之前做的。換句話說，「好萊塢永生公墓」的客戶可以親自執導自己的永生！

這種做法衍伸出了一個基本哲學問題，其實這個問題也是歷史編纂上一個很重要的問題：歷史影像在歷史紀錄中，應該要扮演什麼樣的角色，可以做到什麼程度？誰應該被記錄、誰又不應該被記錄？如果一個雜貨店店員在樹林裡過世了，他會被流傳下來嗎？

富哲學思考能力的史學家霍華德．津恩（Howard Zinn）認為，僅記載國王、總統或大將軍、探索家的歷史，其實抹煞了百分之九十九的人口。津恩在他的代表大作《美國人民的歷史》（*A People's History of the United States*）中想要平衡這個現象，書中收錄了平凡人的生活，例如參與人民叛變（譯註：Shays' Rebellion，又稱謝司起義，十八世紀美國麻州人民發起的一場武裝叛變）的農民普樓．佳格（Plough Jogger）和在羅威爾磨坊工作的哈莉葉．韓森（Harriet Hanson）。所以或許「好萊塢永流傳」這種做法其實滿好的。

要在後世心中或是銀行戶頭中永遠活下去還有一個方法，就是留下遺產。這樣，每次你姪孫女蒂芬妮要買新的蛇皮紋高跟鞋時，就會心想：「謝謝戴瑞叔公！」或是「戴瑞叔公死了真好！」之類的。反正你的名字會流傳下去。當然，遺產也可以打成合約，但合約常是百密一疏：

「包伯，你還記得九個月前，我們去北邊釣魚嗎？那次下了大雷雨，車子壞了，所以我們只好在農場過夜，農場主人是個超美的寡婦，你記得嗎？」

「記得。」

「所以你記得那個很美的寡婦？」

「記得。」

「她有棟好漂亮的大房子，她讓我們睡在客房裡，隔天早上我們繼續上路往北開，準備去釣魚，你記得嗎？」

「記得。」

「嗯，九個月後的現在，我收到寡婦的律師的信。」

「啊？」

「你那天是不是半夜溜到她房間找她？」

「是啊，我有。」

「那你是不是沒告訴她你的真實姓名，而是冒用了我的名字？」

「呃，你問這個有什麼事嗎？」

「寡婦過世了，遺產都歸到我的名下。」

經典又有哏的遺言

當然，要在後世的記憶中達到永生，最經濟實惠的方法就是說一段經典又有哏的遺言。不知道為什麼，一般大眾都很看重遺言，比較不會記得某次你喝了三杯馬丁尼後說的笑話。以下是我們精選的幾則遺言：

「我快死了，或者也可以說，我正在死去——兩種說法都正確。」

——法國語法學者多明尼克．包浩斯（Dominique Bouhours），一七〇二年卒

「ＬＳＤ，一百微克。」

——阿道斯·赫胥黎（Aldous Huxley）（死前對妻子說的話，之後妻子便替他注射了），一九六三年卒

「浴簾記得要收在浴缸裡面。」

——飯店業大亨康拉德·希爾頓（Conrad Hilton），一九七九年卒

「是卡車！」

——諧星依莫·菲利普斯（Emo Philips）的祖父

「別讓我的生命就這樣結束，告訴別人我說了些話！」

——墨西哥革命領袖龐邱·維拉（Pancho Villa），一九二三年卒

另一方面，臨終前的哲學家好像比較嚴肅一點：

「我還欠阿斯克勒庇俄斯（Asclepius）一隻雞。」

——人類史上頭號哲學家蘇格拉底，公元前三百九十九年卒

「我寧可下地獄也不要上天堂。地獄有諸多教皇、國王、王子相伴；天堂卻只有乞丐、僧侶和使徒。」

——政治哲學家馬基維利（Niccolò Machiavelli），一五二七年卒

「輪到我躍入黑暗之中了！」

——英國哲學家霍布斯（Thomas Hobbes），一六七九年卒

「起來，出去！只有覺得自己還沒說夠的蠢蛋才需要說遺言！」

——馬克思（Karl Marx），一八八三年卒

話說回來，戴瑞，一旦死了就也沒辦法說些什麼，來讓自己在別人心中活下去，也沒法讓別人覺得你很有趣。不過往好處想，反正死後眼不見為淨，別人怎麼想對你也沒有殺傷力了。

一名男子走出辦公室的時候，外面下著大雷雨，看啊，此時外面竟然停著一輛空的計程車！男子跳上車後，對司機說他覺得自己真幸運，這種天氣

還可以叫到車。

司機轉過頭來對他說：「你出來的時間點真的很剛好，你就跟謝爾登一樣。」

「他是誰？」

「謝爾登．史瓦士。他不管做什麼事都做在點上，全世界最幸運的人大概就是他了吧。搞不好他根本是地表有史以來最接近完美的人類。舉個例子來說，謝爾登永遠可以找到就在門口的停車位，去哪都一樣。」

「少來了吧！你誇張了！哪有人可以這麼幸運！」乘客說。

「謝爾登就是這麼幸運，」司機說：「他不只是運氣好而已，還是個很厲害的運動員。只要他想，他一定可以成為高爾夫球或網球選手。謝爾登歌喉之好，連三大男高音之一的普拉西多．多明哥（Placido Domingo）聽到都會自愧弗如。謝爾登英俊瀟灑又懂人情世故，更甚電影明星卡萊．葛倫（Cary Grant）。你真該看看他穿著燕尾服的樣子！他的體格真是好得嚇嚇叫，挺拔又強壯。謝爾登還很懂經商，是個點石成金的人。喔，對！他還打得一手好牌！」

「好了，夠囉！」乘客說：「真是胡說八道。」

「不，我沒胡說。謝爾登還有其他過人之處。舉例來說，他很會哄女孩子，他也很聰明伶俐，沒有他不知道的事情，也沒有他修不好的東西。不像我，只是換個保險絲就可以搞到全社區停電。還有還有，他很會說故事！謝爾登總是社交場合上的焦點！」

「哇，這人聽起來真有兩把刷子。你在哪認識他的？」乘客說。

「嗯，我其實沒見過他。」司機回答。

「那你怎麼知道那麼多他的事？」乘客問。

「我娶了他的遺孀。」

好吧，戴瑞，終於聽了笑話，恐懼感緩解一些了吧？

「緩解？我聽完更憂鬱了好嗎！」

好吧，沒關係。至少現在我們可以來仔細探討一些永生哲學觀點了！

— PART 2 —

意想不到的永生

永生存在於死亡之後？
還是其實埋伏在社區裡？
若是如此，誰有時間去尋覓永生？

永遠的現在

不要這麼憤世嫉俗嘛，戴瑞！這樣很難看，而且根本不必要，因為接下來要跟你說個好消息！而且這個好消息正在發生。

準備聽好了，我們要把你從此刻帶向永遠——永遠就是**現在**！

讓我們先從基本概念開始娓娓道來。永遠一直都是現在，就是此時此刻。戴瑞，你離開屋子的前廊，拿著糞鏟到草坪上狗狗便便的地點，開始清理便便，然後把便便放到鄰居信箱裡，現在你爬回前廊，打開一瓶淡啤酒。這整個過程中，「現在」都一路相伴。喔，現在又是現在了。或者應該說，現在還是現在。現在永遠都會是現在！這就把永生的概念拿到了一個新的框架中討論，永遠就是現在，永遠和你想像的不一樣，並不是死後才會發生。

二十世紀的大哲學家路德維希．維根斯坦（Ludwig Wittgenstein）和保羅．田立克（Paul Tillich）對於「永遠的現在」（Eternal Now）有些有趣的看法。維根斯坦在奧地利維也納和英國劍橋提出相關論點，田立克則是在德國法蘭克福和美國麻州的劍橋提出。

田立克是基督教存在主義神學家，他認為永生不是永無止盡的生命，不像電視劇《法網遊龍》一樣沒完沒了。對田立克和海德格來說，永無止盡的生命是地獄才對。反之，現在應該就是永遠，永遠存在於時間維度中的每一刻。永遠是時間中切出的另一個時間面向。永遠就是此時此刻，就是「永遠的現在」。

人類不像石頭，人可以用宏觀的角度來觀看時間，甚至可以看到時間的盡頭，因此產生了焦慮和絕望。真是壞消息！但田立克是個存在主義者，他和齊克果一樣，認為人類體悟到這種焦慮感是件好事。

怎麼說？因為這代表人不像石頭，人類只有一部分處在時間之內。我們一隻腳是跨在時間之外的，否則我們就無法綜觀自己的情勢、無法察覺時間之有限、無法體驗死亡之焦慮。舉例來說，我們懂得使用「壽命」這個詞彙，也知道這個詞彙代表的意義。

時間和永恆的切面

田立克所謂的永生，並非位於「甜美彼岸」的無止盡的永恆，而是活在永遠的當下。問題在於，人類很常會與永恆面向失去連結，我們會脫勾、進而陷入絕望之中，儘管永恆還是恆常不變。所以這裡有個訣竅，要試著採取超越一切的視角來看待永恆——也就是，活在此時此刻！

想了解田立克的觀點，我們在經歷時間的時候，就必須跳脫線性思考模式，跳脫「前後」、「下週六見」這種一般的時間觀念。我們應該要思考時間的本質——時間的維度，以及時間如何作為周邊事務的組織原則。

為了更加了解這種觀點，我們得再次請教當代哲學家艾倫．史都華．康尼斯堡（Allen Stewart Konigsberg），不過，除了他母親以外，其他人全叫他伍迪．艾倫。他表示說：「時間是大自然用來防止所有事情同時發生的一個手段。」

「沒想到當一切都進入了永恆，
美國西岸還只到清晨而已。」

如何讓時間消失？

「跳脫時間觀念」和「操弄時間順序」是不同的，後者是當紅劇本題材，在《記憶拼圖》（*Memento*）、《穆荷蘭大道》（*Mulholland Drive*）等電影中都可以見到，以下的笑話也跟操弄時間順序有關：

問：倒著播鄉村歌曲會發生什麼事？

答：如果一切倒過來，女朋友會回到你身邊、卡車可以失而復得，甚至死掉的狗可能也會復活。

倒轉時間可以開啟一系列有趣的因果問題，以及人類如何建構記憶之相關討論，不過，倒轉時間還是建立在線性時間的概念上。若能跳脫線性時間觀念，就可以從全新的角度來看待時間，把時間想成一種維度。

我們很少有機會把批判性哲學家維根斯坦、伍迪．艾倫以及田立克放在一起討論，但現在似乎是個好時機。維根斯坦在他的大作《邏輯哲學論》（*Logico-Philosophicus*）中寫道：「如果永恆並非無止盡的一段時間，而是指時間之消失，那麼活在當下的人就可以得到永生。[1]」

維根斯坦的「時間消失」（timelessness）好似是指「跳脫時間的維度」。我們一直處於「現在」當中，而在現在，時間消失了——因為現在並非時間的一部分。維根斯坦導出一個結論，就是永生屬於活在當下的人，這種論述竟然出奇地有種新時代氛圍，和拉姆．達斯（Baba Ram Dass，本名Dickie Alpert）等人的觀點很類似。

在一九七〇年代早期，只要是個人，都會花時間閱讀達斯的《活在當下》（*Be Here Now*），這本書帶著讀者進入幻覺後期的心靈意識。書名就解釋了一切，這是一本教你活在當下的書。不管是在心理層面或是心靈層面，要聯結永遠的現在都可能會產生一些問題。人類總習慣緬懷過去，展望未來，於是根本無法專注地活在當下。

東方的哲學家和心靈導師用實際行動證明了活在當下的困難，這些人發明了一些儀式，來幫助我們進入並處於永恆的當下——冥想、瑜珈、太極，這些都是清空心思、專注於存在的手段。

「此後已無事，當下即永恆。」

所以，「現在」過去了沒？

若想要替「現在」劃下一個終止點，事情只會更加複雜。因提出阿基里斯與烏龜賽跑悖論而出名的哲學家芝諾（Zeno）認為，時間可以被切分成無限個單位。[2] 如此一來，根本沒有什麼時間可以容納「現在」了。

或者，也可聽聽當代英國劇作家麥可．弗萊恩（Michael Frayn）的說法：「啊！現在啊！真是個奇怪的時間，不管放在什麼時候看，『現在』都是最怪的時間。無論何時皆是現在……但是當我們說到『在』的時候，『現』卻已經過去，成為歷史。」

還好，十九世紀末期實用主義的美國哲學家暨心理學家威廉．詹姆斯（William James）對「現在」提出了更務實的觀點。詹姆斯稱現在為「似是而非的當下」（the specious present），他的意思是，人們誤以為「現在」具有某種內容及持續性，即使其內容相當微小、持續的時間也很短。但事實上，現在根本不存在。

現在只是過去和未來交會的界線，而過去和未來其實也都不存在，至少在現在這一刻並不存在。換句話說，「現在」是主觀建構出來的概念，用來標記人類對時間的感覺。

這也引出了哲學史多年來一直在探討的一些問題：對時間的感覺會隨著「感覺主體」而有所不同嗎？若那感覺主體剛好是隻豬的時候呢？

一名男子在路上開著車，沿途看到蘋果樹下有個農夫舉起一隻豬。每次農夫把豬舉起來，豬就會咬下一顆蘋果。男子停下車問農夫這是在做什麼。

農夫說：「我在餵豬。」

男子坐在車上說：「你搖搖蘋果樹，讓豬吃掉下來的蘋果，不是比較省時嗎？」

農夫說：「對豬來說，哪有省時不省時？」

神祕詩人威廉・布萊克（William Blake）寫道：

一沙一世界，一花一天堂，

掌心握無限，剎那即永恆，
等待之時刻，長褲已燙平。

開玩笑的，最後一句是我們加的啦。

「好吧，兩位，這下我聽懂你們在說什麼了。老實說，我一直希望自己有天可以開始活在當下。你們兩位也是哲學家，對吧？」

算是啦，戴瑞，不過更像是哲學系的老學生，怎麼了？

「所以你們是說，在這些主流的大哲學家當中，沒有一個人在看待死亡的時候，僅僅簡單地說：死亡爛死了？」

這問題問得好！

我們討論了各種不同死亡觀點（通常把死亡合理解釋成出生的另一端，對應著生，死是個很好的終點）以及各種神學、文化典範，還把死亡比作通往更美境地的前哨站。若這時再用憤怒的角度，探討終究難逃一死之人生會滿有趣的，你也會超怒、超級怒！

但仔細想想，我們還真想不出有哪位著名哲學家或宗教，認為死亡僅是未來會發生的可怕事件或是史上最恐怖的大騙局。這麼說好了，宗教採取這種觀點本身就很不合理，因為宗教的基本訴求就是「調解」（reconciliation），只是調解的形式不同而已。如果宗教告訴人們死亡是個終點，死亡很可怕，那各宗各派就都要關門大吉了。

但你可能會想，總該有哪個尋求真理的哲學家會正面迎擊死亡、對死亡採取厭惡的態度吧。不不，表達對死亡的憤怒是詩人的工作：

不要靜靜走入長夜，
年老之人該在白晝結束之際燃燒、咆哮；
憤怒吧，面對暮光，憤怒吧。

——狄倫・湯瑪斯（Dylan Thomas）

— PART 3 —

搭上通往永生的靈魂列車

我們有不朽的靈魂嗎？
靈魂在哪裡？
可以上網把靈魂賣掉嗎？

靈魂教父柏拉圖

「你們倆是山頂洞人嗎？死亡不是結束，是開始！沒聽過靈魂不朽論嗎？」

我們當然聽過靈魂不朽論呀，戴瑞！但我們沒親眼見證過。不僅如此，貝克爾還把靈魂不朽的論點，放在幻覺系統列表的很前面。

但是在蓋棺論定之前，我們先來探討靈魂是什麼。在通往死亡的路上，我們不喜歡驚喜，也不想半路才發現原來人類可以勝過死亡的部分，剛好是自己不喜歡的部分。

讓我們從古希臘哲學開始說起吧。這些身著長袍的哲學家，好像有很多時間可以思考人生大事，例如靈魂（這些男人在閒扯討論時，不知道是誰在準備晚餐，這也是滿值得討論的女性倫理議題）。

希臘哲學家是二元論者（和羅馬的二元看法不盡相同），他們認為靈魂和身體是兩種截然不同的存在。早期希臘哲學家泰利斯（Thales）認為靈魂就是推動身體的力量。

泰利斯精闢點出死屍和活人之間一個很大的差異——死屍不會動，至少表面上看起來是不會動的。如此說來，人死後一定有什麼東西離開了臭皮囊，像是動力之類的東西。一些「前蘇格拉底」的哲學家發現，死人似乎不再能察覺事物，所以認為靈魂還有知覺能力。另外一些哲學家則發現，死人似乎看不見也聽不見，於是認為靈魂還有感知能力。

但是最後把靈魂的概念統整起來的人是柏拉圖。柏拉圖說靈魂分成三部分：理性（Reason）、意志（Spirit或Will，又譯為氣概）和慾望（Desire，又譯為情慾）。理性是最高的部分（想必你也猜到了），這個部分可以和永遠的理型（eternal Ideas或eternal Forms）溝通，例如：美、智慧和「理型三角」，也就是所有世俗、不完美的三角根源（不要追問）。

意志是靈魂中不理智的部分，但還是比慾望高等一點。如果可以妥善控制意志，意志就可以向理性靠攏。另一方面，慾望抗拒理性，貪戀感官的愉悅，給我們製造麻煩（而且是大麻煩）。

哲學家伍迪．艾倫指出：「靈魂擁抱高尚的情操，例如詩詞和哲學，身體則負責享樂。」但是柏拉圖說，僅負責享樂的慾望也是靈魂的一部分。這就是柏拉圖和伍迪．艾倫的基本差異。

對柏拉圖而言，靈魂的終極目標是要脫離感官享受的慾望，向理型靠攏，只有理性的部分能通往永生。換句話說，思考「三角」要比性愛、嗑藥、搖滾樂更有意義。

「他寧可思考三角也不要做愛？這傢伙要蓋帕德嫩神殿，還得再多搞幾個多立克柱出來呢。」

戴瑞，等你先了解這個三角之後再評論吧。這可不是什麼一般的三角，這可是「理型三角」。

靈魂的三種分類

亞里斯多德（Aristotle）對靈魂的看法與柏拉圖有些微差異，但結論是類似的。亞里斯多德把靈魂三分為「植物靈魂」、「動物靈魂」和「理性靈魂」。植物靈魂和動物靈魂和我們一樣，都可以促成生機的、化學的改變；動物靈魂可以讓我們和動物產生互動、感官經歷；最後，只有人擁有理性靈魂。想想，你不可能跟你家貓咪或胡蘿蔔講道理吧。

亞里斯多德還更近一步把理性區分為「被動理性」（知覺）和「主動理性」（思考、感知、幻想性感的希臘女神阿芙羅狄蒂正在你房間這類的）。對亞里斯多德來說，只有主動理性才是靈魂中可以永生的部分。

當馬鈴薯死神來敲門

「親愛的，有人來取你的靈魂了。」

靈魂的拍賣

希臘哲學家認為靈魂是一個「實體」（entity），於是紐西蘭的瓦利．史考特（Wally Scott）於二〇〇八年把自己的靈魂放到TradeMe（紐西蘭版的eBay）上販售。當然，早在浮士德時候，就已經有出賣靈魂的概念了，但是史考特這種史無前例的做法，顯示並非只有魔鬼想要靈魂，靈魂在人間還是有其市場的。史考特的靈魂競標價，最後達到了一百八十九美元。

當然，拍賣靈魂時也有些哲學問題需要討論。首先是競標者該如何確保史考特的靈魂在出售時狀態良好？史考特說自己的靈魂「狀態不錯」，唯獨到了可以喝酒的年紀時，有過一段比較荒唐的歲月。

再來的問題是，史考特售出靈魂之後，買家可以得到哪些權利？史考特的律師說，買家雖然擁有史考特的靈魂，卻不直接擁有史考特，也不能控制他——這種定義有點弔詭。

最後一個問題是，TradeMe的交易規則是否允許販售靈魂這類的抽象物品？最後，TradeMe認為因為靈魂權狀需要轉手，所以判定交易合理。

但是eBay的人就比較多慮一點。二〇〇一年，艾倫・波特爾（Alan Burtle）的靈魂在eBay上喊價喊到四百美元，此時eBay便出手干預，表示販售靈魂並非以實體物品進行交易。「實體物品」是指類似eBay銷售人氣王的神奇寶貝早期公仔或TY牌絨毛玩具等。

古代的以色列並不存在靈魂不朽的問題。希伯來人和希臘人不一樣，希伯來人不認為人類被二分為身體和靈魂。《舊約聖經》中的「靈魂」（soul）指的就是整個人。人類沒有靈魂，人類就是靈魂。人類沒有身體，人類就是身體，活生生的身體[1]。

沒錯嗎？你可能會想問，那，死的身體和活的身體有什麼區別呢？《聖經》並沒有明確解釋這點，但感覺頗像是有電電池和沒電電池的差別。沒電的電池並非少了某個部分，只是少了電力；死掉的身體則是少了生命。

關於靈魂的哲學笑話

「我把自己全給你，身體與……whatever……」

雖然有點矛盾，但替經典爵士歌曲〈身體與靈魂〉（Body and Soul）填詞的愛德華・海曼（Edward Heyman）是猶太教徒。據傳海曼的拉比（猶太老師）曾經和他說歌名有誤，應該要改成〈身體與身體〉，但謠言從未得到證實。

《新約聖經》中也有相同的觀念。「賠上自己的靈魂」其實指的就是「賠上自己的生命」。「人就算賺得全世界，但賠上自己的靈魂，有什麼益處？[2]」的意思其實就是「人就算賺得全世界，但賠上自己的生命，有什麼益處？」

探究《新約聖經》這節經文的字句，就會發現似乎是在做「賺得全世界」和「賠上靈魂」之間的成本效益分析。而就跟所有評估類的問題一樣，到頭來都還是得看評估者心裡的一把尺。

一名律師某天半夜醒來，發現整間臥室被紅光籠罩，還散發著惡臭。他看見床邊有個人，也馬上認出這個人就是撒旦。

撒旦微笑著說：「瓊斯先生，如果你願意，我可以把全世界的財富和美女都給你，外加名利和長壽。你覺得如何？」

律師瞇起了眼說：「代價是？」

撒旦回答他：「你必須用你不朽的靈魂和我交換上述一切。」

律師說：「別鬧了，代價到底是什麼？」

古印度哲學中的「自我」（ātman），則完全超越了希臘哲學中靈魂所包含的一切功能。事實上，印度哲人雖然認為人有「細微身」（subtle body），但他們仍將希臘哲學中靈魂之各部分（諸如思緒、情緒等）看作身體的一部分——這還不是希臘和印度哲學對靈魂最大的差別。在印度哲學中，「自我」不像哈雷機車或草帽，不能為「個人」所擁有。靈魂是宇宙物質，位於宇宙萬物之中。想想印度教徒買熱狗那則笑話吧（譯註：一名印度教徒去買熱狗，他說：「請給我一份料全加的熱狗。」料全加的英文是「one with everything」，也有「請讓我與萬物合一」的雙關意思）。

柏拉圖和亞里斯多德都談到，個人理性之外有「普世理性」為基礎，但是他們同時也認為個人的靈魂可以超越死亡。相反地，印度（印度教、佛教、耆那教）對永生的看法是超越個人並「跳脫生與死的循環」。

「是喔？那轉世呢？我一直覺得轉世滿不錯的。你看，我可能本來是拿破崙，後來變成戴瑞，接下來也許成為一隻小兔子。」

很多人都這麼想，戴瑞。

許多西方人都覺得「轉世」是東方版的「靈魂不朽」。但其實不是喔！首先，西方世界對轉世的認識主要來自於佛教。佛教根本不相信人類有靈魂。佛教的轉世觀是把蠟燭的火焰傳到另一根蠟燭上。在這個薪火相傳的過程中，沒有被轉移的「自我」，因為人類根本沒有自我可以轉移。

再來，轉世並不如大家想像的美好。沒錯，我們的細微身得以藉著轉世延續下去，但是轉世之後仍舊過著坎坷的生活。轉世只能把心靈轉到另一條充滿苦難的路上，我們仍須邊走邊淨化，直到完全理解真實、普世的自我。要達到這個境界，我們就必須經歷無數次死亡、轉世，離開崎嶇的道路，與普世的自我合而為一，最後搭乘離軌列車，通往永生。

事實上，轉世只是因果輪迴的延續。惡有惡報，善有善報——現世報，來生亦報。然而，不論我們轉世後成了什麼，都不是獎賞或懲罰，轉世只是為了要給人進化的機會。

來世有意思！

「你相信轉世嗎？」一位高爾夫球選手在市立高爾夫球場打球時，這樣問朋友。

「相信啊，怎麼了？」朋友說。

「那你轉世後想要當什麼？」

「我想變成女同志。」

「啥？為什麼！？」

「我還是想跟女人做愛，這樣接近她們比較快。」

至於在今世走偏了的人，印度的《金翅鳥往世書》（*Garuda Purana*）中提到，殺死婆羅門的人轉世後會有肺結核（抱歉了，婆羅門殺手）；殺牛之人也沒比較好，轉世後會變成佝僂傻蛋；下次在四盎司牛肉堡上擠番茄醬的時候別忘了這點！殺了處女的人呢？當然，他轉世後會患痲瘋病。不意外。

新時代對轉世的看法頗有異國風情。一個「轉世站」（Reincarnation）的網站上有個小測驗，替你分析轉世後可能會變成什麼。我倆其中之一會變成可愛的熊貓，另一個人會變成老鼠，但我不會告訴你誰變成哪個。

靈魂與心智的差別

前蘇格拉底、柏拉圖和亞里斯多德時代所描述的靈魂功能，大多是我們現在稱之為心智的功能，諸如：運動、知覺、感知、慾望、意志和理性。事實上，靈魂的希臘文「psyche」就是心靈的意思，這個詞在現代是指「心智」（mind）。心理學（psychology）是當代研究心靈、探討心智的學門，並非研究靈魂。

所以，西方人說到「心智」的時候，所指究竟為何呢？這能替我們回答永生的大哉問嗎？心智和頭顱內的器官——大腦——要如何區分呢？如果靈魂就是心智、心智就是大腦，那麼永生就是不可能的事了，加護病房很常聽到的一個詞——「腦死」，就是最好的解釋。

十七世紀時，當代西方哲學之父笛卡兒（René Descartes）提出了心（Mind）物（Matter，包含大腦）二元論，他認為心與物是兩種截然不同的存在，各自存在於不同的範疇之中，有著不同的規則，兩者沒有任何相似之處。

但這也延伸出了一個問題：如果心與物並未在某種程度上交疊，僅各自存在於自己的範疇裡，那麼為什麼物可以造成心的改變，而心又可以改變物質世界呢？舉例來說，實體物質會影響人類對該物質的感知，人類的「意志」又好似可以移動身體的部位。而且我們也知道，某些特定化學物質可以造成心智的大轉變，不然怎麼會有人看到黏土服務員和鏡子領帶呢（譯註：〈Lucy in the Sky with Diamonds〉之歌詞內容）？

實現普世自我的危機

「我想寧靜禱文在這季應該不會退流行吧？」

【超簡易版】二元論

心是什麼？（What is Mind?）

心是無物。（No Matter，歧義：不重要）

身體是什麼？（What is Body?）

身體是無心。（Never Mind，歧義：別放心上）

那麼，身體和心智（Mind，另譯心靈）之間的連結究竟是什麼？

十七世紀一名德國理性主義哲學家萊布尼茲（Gottfried Wilhelm von Leibniz）認為，心物之間互不相干。他說心物是平行發展的，就像兩個調好的時鐘一樣。

時鐘各自在自己的範疇裡往前走，其中一個時鐘的改變會和另一個時鐘的改變有所關聯，是因為上帝預先定好了這種和諧一致。萊布尼茲先生，謝謝你的解釋，不過或許你最好也要少碰點影響心智的藥物了。

十九世紀的達爾文主義學者赫胥黎（T. H. Huxley）認為，心智只是身體功能的副作用，就像地上的影子一樣，是一種副象（epiphenomenon）。這位副象主義論者認為，大腦實際的狀態會造成心理狀態的改變，但是心理狀態卻不能造成任何改變，甚至無法促使其他心理狀態的發生。所以，當我們的身體（包含大腦）開始運作時，我們的心智僅僅是反映出大腦的活動。

「邏輯行為學者」如二十世紀的英國哲學家萊爾（Gilbert Ryle），又更近一步探討這個議題。笛卡兒的看法是：心智和身體是兩種不同的存在，心智以某種狀態「住在」身體裡，萊爾認為這種觀點很可笑，根本就是「機器中的幽靈」（ghost in the machine）。

萊爾認為，笛卡兒的觀點使我們一直想要定義身體裡的「鬼魂」究竟為何種實體，鬼打牆了幾個世紀還理不出個結論，因為實際上心智本非實體。

人真的「擁有」心智？

人「有」心智並不代表我們實際「擁有」什麼東西，只是我們有某些能力和性情（disposition）。然而，我們卻一直認為信仰和慾望等心智狀態會誘發行為。事實上，我們的行為是由「性情」所推動，我們的「性情」導致我們做出某些行為，而我們的心智狀態僅是反映了這些性情。這樣看來，永生似乎毫無可能，因為能力和性情似乎很難永遠留存。

話說回來，誰又真的知道呢？很多人也覺得其他形式的心智和靈魂不可能永遠留存啊。

電腦科技的發展替「心靈與身體」之辯論提出了有趣的新觀點。一九五〇年，電腦科學先驅暨二戰英國解碼專家艾倫．圖靈（A. M. Turing）提出了一個問題：理論上來說，大型電腦是否有可能回答問題，且騙過我們，讓我們以為它是人類呢？就像《二〇〇一太空漫遊》（*2001: A Space Odyssey*）中的超級電腦哈兒（HAL）一樣。

如果哈兒可以成功騙過我們，那我們該如何詮釋人類的心智狀態呢？心智狀態能否決定我們的行為？也許我們也和哈兒一樣，由複雜的程式形塑出行為，我們因而產生心智可以掌控一切的幻覺。從事冥想的佛教徒和迷幻藥使用者都曾提到，人類的心智總是比行為慢半拍，總是望其項背。

如果心智狀態沒有辦法促成任何事，那心智的創造能力源於何處？我們所創造出來的東西，難道只是依據大腦設定而產生的結果嗎？若真如此，複雜的電腦系統是否可以創造出一流的笑話？我們讓你自己評論。

愛丁堡大學的電腦工程師向學校的超級電腦下了笑話戰帖，以下是這些電腦想出的笑話：「什麼竿有十六顆球？撞球竿！」

一到五分，你覺得這則笑話得幾分？

好吧，那看看下面這則：「哪種murderer（殺人犯）有moral fiber（直譯：道德纖維，意指分辨是非的能力）？Cereal killer（牛奶穀片殺人犯，英文音同連續殺人犯：serial killer）。」

當然若在電視節目《週末夜現場》說這笑話應該是會冷掉，在學校餐廳跟中二生說可能還好點。話雖如此，你的小舅子說過比這更冷的笑話，對吧？

心智和身體的辯論在今日持續越演越烈，也越來越微妙、複雜，不過其根本概念還是相同的。仍舊有很多不同派別的二元論者認為，心智不等同於腦神經脈衝；也還有物理學家認為，心智狀態和腦神經狀態很相似；另外還有些功能論學者對心智、身體之辯論持中立看法，所以就不用討論這些人了。

哲學殭屍論

有個探討心智為何物的哲學觀點特別有趣，稱之為「哲學殭屍論」。這跟死亡感覺關係匪淺，不是嗎？

哲學殭屍論者向物理學家下了戰帖，因為物理學家認為，一旦弄清楚大腦的組成還有腦波的運作方式後，就沒啥好討論了。人類的「心智」功能——感覺、思想、意圖——都受到物理定律的支配，而人類所有「心智的改變」都是由物理、腦神經所造成的。

二十世紀的美國哲學家克里普克（Saul Kripke）對物理學者提出了一個終極大哉問：試想創造萬物的造物主，造出了一個和我們現在所處一模一樣的世界，但這個世界完全靠物理法則運作。如此造物主還需要替人類製造意識嗎？

維根斯坦說道：「用我舉起手臂的事實，減掉我的手臂往上升的事實，還剩下什麼？」[4]（這句話你可能得讀兩次才會懂，我們就讀了兩次。）

那殭屍論者怎麼說？殭屍是無意識的人類，他們可以到處移動，也可以從事一般人類會從事的行為，那如果殭屍真的存在，物理學家的看法就不正確了，因為如果物理論調為真，那麼僵屍就會有意識！

常人般的殭屍

等等，搞不好殭屍根本不存在（我們自己是沒親眼看過殭屍啦，即使我們都參加過一些漫長無聊的雞尾酒會）。那也沒關係啊，老奸巨猾的殭屍信徒如是說。只要殭屍有存在的可能就足以挑戰物理學論點了，於是殭屍信徒設想出一個擬真的情境：

當代英國哲學家羅伯特．柯克（Robert Kirk）說，我們可以假想格列佛（Gulliver）腦內跑進了另一個小人國的小人，他們阻斷了感受神經（輸入感覺）和運動神經（輸出行為）之間的連結。這些小搗蛋鬼現在會攔截了所有進入格列佛腦中的訊號，然後自行發布訊號讓格列佛的肌肉開始運動。

外人看來，格列佛仍是原本的自己，但他已經沒有了自我意識，於是他變成了殭屍。柯克認為，既然人類能夠設想出這般情節，我們的意識和單純的物理訊號輸入應該不盡相同。

等等！物理論者有意見了，他們認為可設想的不代表就是可能的呀！你可以設想小人國裡有小人，但在現實世界中，他們根本不存在。

兩派爭執到這個地步，已經快要找不到話可以再辯下去了，於是此時你的心智（或大腦，看你喜歡哪個）便會自動關機。

當殭屍走到客廳中央時，
發現電視上正在播放《六人行》。

「喔，終於有我能聽懂的事了！哲學家其實就是一天到晚在腦子裡創造迪士尼童話角色嘛。」

是沒錯，但哲學家想出這些角色之後，還會針對這些角色提出一些有趣的問題。

「也許從童話角色的角度來說很有趣吧，但我還是不認為靈魂和心智可以同日而語，靈魂比較深層。如果我說某人很有靈性，我絕對不是在討論他的心智。就像說艾瑞莎·弗蘭克林（Aretha Franklin）是靈魂歌后，不是心智歌后；烤肉這類撫慰靈魂的食物（soul food）聽起來也比增進心智的食物（銀杏果這類的）美味多了。對，還有，靈魂在道德面向有好壞之分。」

「有『好的心智』代表很會解平面幾何學或是法文考試屢屢滿分，但有『好的靈魂』的人，完全是另一回事。這種人很能設身處地、甚至能與人心靈相通。你懂我意思吧。」

戴瑞真是有見地！二十世紀的心理學家暨精神治療哲學家奧托·蘭克（Otto Rank）也和你持相同看法。他認為當代把靈魂比做心智的論點頗有偏差。蘭克說在原始文化中，「靈魂」代表「生命力」（想想唱著〈I Feel Good〉的靈魂歌王詹姆斯．布朗）。這種生命力，或稱「靈力」（mana）無所不在、充滿萬物。

在美好的原始社會中，人的存在很單純，那時兒童仍需要幫忙打理山洞生活的事務，那時死亡的焦慮仍未露出其猙獰面目，因為這種普世的生命力並沒有終點。不僅是因為「原力與人類同在」，人類更是永恆生命力的一部分。但是後來，個人意欲開始滲透到生命力當中，一旦有了這種參雜，人類遲早有一天會發現：某些人的意欲會對其他人的意欲造成威脅。

因此，那些受到威脅的「其他人」首先會有實際上的生命危險；二來，因為原始文化認為個人意欲存在於生命力之中，所以任何可能會限制意欲的事物都會令他們對死亡產生恐懼、神經緊張。換句話說，意識到自己的意欲有被摧毀的危險，同時他們也感覺到靈魂受到了波及。於是生命力便不再是公眾財，和單純快樂的日子說掰掰吧。

族群的意欲又比任何一個個人的意欲還要更強大，所以個人會把一己的意欲繫在團體和族人的意欲之中。這種做法有個很棒的附加好處：因為每個個人都是群體的一部分，而群體無終止之日，如此一來，個人就可以藉此達到永生。

蘭克認為，在聖經時代，這種群體的集體意欲開始投射到了更高的層面上，也就是獨一真神的信仰，於是一切都亂了套。這下，任何個人意欲的展現都會被視為反叛，並因此發展出了罪與罪惡感的觀念（隸屬於某一個團體的其中一個好處是，團體不會有罪惡感，就算真的產生內疚，也會被有效地稀釋）。隨著個人罪的觀念出現，恐死之悲歌又響了起來。壞意欲＝壞靈魂＝壞生命力。使徒保羅說：「罪的代價是死」，這也是為什麼他當時在城內被稱為「一針見血的保羅」。

蘭克教授是猶太人，但是他認為基督教中那種「捨己的愛」可以戰勝對死亡的恐懼，可以先發制人，在死亡奪去我們的自我時，先讓自我慢慢消失。但是蘭克也說，一般人的愛沒有大到可以捨己，所以他建議從藝術家身上尋求答案，蘭克相信當社會對死亡恐懼做出回應時，藝術家扮演著至關重要的角色。詹姆斯．喬伊斯（James Joyce）在蘭克的「靈性藝術家」排行榜上，無疑是名列前茅。

這跟你心目中的「靈魂」有比較接近了嗎，戴瑞？

「嗯，應該有吧。但我不是那種可以捨己愛人的人。這年頭有這種人嗎？藝術家對我來說也不是解答，我頗懂藝術，但我不清楚自己的喜好。我只想知道我的靈魂、意志或什麼是否可以存活萬代。人生到了這個階段，我已經不在乎自己的身體了。我只希望我的『我』可以永生。」

好吧，戴瑞，是你自己要問的喔！那我們就回頭繼續談談雅典黃金時代的哲學吧。

柏拉圖在許多篇對話錄中「證明」了靈魂不朽，而其中最著名的論證收錄於〈美諾篇〉（Meno），蘇格拉底在文中證明，靈魂在一個人出生之前就已經存在了。

有趣的是，大部分人對於自己此生以前的永生好似不怎麼感興趣，大概是因為就算真有永恆的前生，我們也不記得。這替一個老問題帶來了新觀點：如果靈魂不朽，那麼我們死後的意識會是怎麼一回事？我們在今世的意識會存留下來嗎？如果不會，那永生有什麼好處？如果我的意識無法永存，那我現在或以前又何必在乎是否能達到永生呢？或者換句話說，現在的我和以前的我都不需要在乎了吧？

先不管這些，蘇格拉底對「孕前永生」提出的證據是：美諾一名未受教育的男童僕。這名男童從未學過幾何學，但是竟然懂畢氏定理！這代表男童一定是記得這個定理。你還記得畢氏定理吧，直角三角形斜邊長的平方等於兩股平方和。

你看：這國中學的東西我們現在就記不太得了，更別提什麼前生的事了。

喬伊斯的待辦事項：

1.打給銀行

2.衣服送乾洗

3.在靈魂的深處尋找人類自有的意識

4.打給媽媽

詹姆斯・喬伊斯的冰箱

蘇格拉底的靈魂不朽論

蘇格拉底自認自己僅是帶領男童「發掘」埋藏在他心靈深處的數學定理。蘇格拉底是這樣做的，他用樹枝在地上畫圖。

蘇格拉底：「孩子，告訴我，你知道這形狀叫正方形嗎？」

男童：「知道。」

蘇格拉底：「那你知道正方形的四邊等長嗎？」

男童：「當然知道。」

蘇格拉底：「那我從對邊中點畫的連線也等長？」

男童：「對。」

蘇格拉底繼續問下去，男童也繼續回答是非題，直到最後的大悟道。

蘇格拉底：「美諾，你發現了嗎？我沒在教他什麼，我只是一直問他問題，但他現在已經知道要畫出面積八平方英呎的正方形，邊長應該要畫多長，不是嗎[5]？」

蘇格拉底認為這證明了男童是在追溯自己本來就擁有的記憶，根據這個理論，不朽的靈魂當然存在——而且男童的靈魂還是個在平面幾何學上表現優異的不朽靈魂。

但是就現代教育工作者的角度來看，〈美諾篇〉中蘇格拉底根本就是用蘇氏問答教學法，教會了男童畢氏定理。

總而言之，蘇格拉底的論點至少讓人開始思考記憶究竟為何，以及記憶如何作用——結論是：這仍是個謎。

〈美諾篇〉現代版

一對夫婦報名了中文課。老師問：「你們打算去中國嗎？」

「喔，沒有啦！」丈夫說：「我們領養了一個中國小孩，希望他牙牙學語時，我們能聽懂他說話。」

記憶力檢查

三位老先生到診所做記憶力檢查。醫生問第一位老先生：「三乘以三等於多少？」

「兩百八十五！」男子回答。

醫生聽了很擔心，便繼續問第二個人：「你覺得呢？三乘以三是多少？」

「呃！週一！」第二名男子大叫。

醫生又更擔心了，他接著問了第三名男子：「那你說呢，三三得？」

「九！」第三名男子說。

「很棒！」醫生開心地稱讚他：「你是怎麼算出來的呢？」

「簡單啊，」男子說：「用週一去減兩百八十五就好了！」

柏拉圖的《理想國》中有另一個具爭議的論證，他「證明」了靈魂不滅。但是在當時，柏拉圖還未能得知今日會出現「不朽之水果蛋糕大難題」，也就是不會毀壞的無生命物的問題。

戴夫．巴瑞和強尼．卡森是防腐水果蛋糕專家。

巴瑞：「包裹禮品送水果蛋糕最好，因為郵政服務怎麼搞都弄不壞它。」

卡森：「其實全美只有一個水果蛋糕，每年在各戶人家傳來傳去。」

所以問題還是沒有解決：水果蛋糕有永遠的生命嗎？

戴瑞，現在感覺離永生更進一步了嗎？

「你在開玩笑嗎？柏拉圖這傢伙就是水果蛋糕吧。」

令人趨之若鶩的天堂 ✦

「好啦，你們這些書呆子，我不想再聽這些已故哲學家在墳墓裡囉哩囉嗦了。你們怎麼樣我不知道，但我每天晚上睡前都會向神禱告，求祂讓我上天堂。就是『如果我今晚就這樣一覺不醒……』這類的禱告辭。有沒有天堂的八卦可以說說？」

好吧，戴瑞，是沒錯，有時這些思想很深奧、前衛的哲學觀點好像也真的很不接地氣，我們也很想對這些古怪的哲學家和神學家大吼：「務實一點好嗎！」

事實上，有個研究做了項廣泛的調查，針對美國各種不同宗教信仰以及無宗教信仰的人口，該機構發現多數人相信人死後會有某種形式的來生、相信每個人都有靈魂、相信天堂和地獄是真實存在的（佛洛伊德和貝克爾對這份調查結果當然不感震驚）。

足足有八十一％的受訪者相信死後會有某種型態的來生，而有七十九%的人（人數占比僅稍比第一題少了一點）同意以下說法：「每個人都有長生不死的靈魂，不管世界上有沒有神都一樣」。

那大家對天堂的看法呢？七十六%的受訪者相信有天堂，而有七十一%的人也相信地獄的存在（相信天堂但不相信地獄的有五%[6]，真是樂觀積極喔，我喜歡！）。至於多數人心中的天堂是個什麼樣子？所有受訪者中，有六十%的人將天堂描述為某種沒有實體的「永存狀態」（與神同行），或是僅為「象徵性的存在」，這兩種描述聽起來都很玄。而另一方面，足足有三十%的美國人同意以下看法：「天堂是一個實體場所，靈魂在死後可以在此得到安息和獎賞。」

認為天堂是實體場所的這群人，激發了我們的想像力。雖然他們僅占了不到三分之一的人數，但正是他們的看法為其他人塑造了對天堂的想像——那裡的布置、人在天堂的樣貌、你會在天堂遇見誰、要怎麼消磨（無限的）時間、誰來洗碗等等。

敲、敲，敲敲天堂的大門

相信實體天堂的人，在看了黛安・基頓（Diane Keaton）導演的好萊塢紀錄片《天堂》後一定會覺得倍受挑戰。紀錄片中穿插著基督福音派牧師的佈道、新時代大鬍子先知的訓言、普羅大眾的獨白……還有人們墜入愛河、在好萊塢式天堂的雲間跳舞的黑白影像片段。這部片隱隱散發著嘲諷，像是在半眨著眼表示：「我們才知道真相」。

以資紀錄，基頓這部紀錄片中大部分的受訪者，都相信天堂是一個城市（有位聖經學者提到新耶路撒冷城的規模是紐約市的五千倍），城中的街道不是黃金就是水晶做的，城內鬱鬱蒼蒼、鳥囀不止，還有天使以及你在世時深愛的人、愛你的人。有位年輕人說天堂是一片潔白柔軟，就像棉花糖一樣，他甚至深信天堂人只吃棉花糖。

天堂的房子通常都以寶石或珍貴的礦石建造而成，在市景中顯得相當宏偉（有位傳道士還特別強調，住這些房子不用繳房租，不用擔心會被強制驅離）。多數人都認為天堂的生活中沒有痛苦、天堂居民永遠不會衰老、大啖高熱量食物也不用怕發胖。然而片中的受訪者在對性行為的看法上就有所分歧了，一半的人認為天堂居民根本已經不在乎性行為了，另一半的人則認為天堂的性高潮體驗絕對會令人震撼。大部分的人也都認為，人在天堂保有在地球上的外貌，不過也有些人覺得到時人類的血管裡不會有血液。還有，天堂的人都會穿牆。

聖經不是也這樣說嗎？

天堂是人生的終點——這種美好想法完全來自於《聖經》，對吧？嗯，其實要看你問誰。我們先來看看當代聖經學者怎麼說。這裡的「當代」指的不是剛畢業的學院宅，我們指的是這兩百年以來的主流聖經學者。這些學者認為，《希伯來聖經》中的「天堂」其實就只是一個「空間」：上方的水和下方的水以及地球中間的透明空間。[7]

「上方的水？那是什麼？某種會員制的海灘度假中心嗎？我錯過了什麼？」

戴瑞，這其實就只是舊約時代的人眼中的宇宙。他們舉目望天，只看見遙遠的上方一片混濁。記得嗎？當時還沒有望遠鏡。

對他們而言，這個「空間」就是太陽、月亮、星辰、小鳥還有上帝所在的地方。不過這裡的重點是，古希伯來人沒有死後有來生的觀念，更別提「天堂空間」了。後期的申言者但以理（Daniel）則提到「永遠的生命」，說義人和惡人最終會有不同的結果，然而但以理此說是建立在復活的生命之上，也就是死後復活，而非在「榮美之地」（Beulah Land樂園[8]）等延續今生的生命。此時天堂連個雛型都還沒有呢。

《新約聖經》中的天堂多指「天國」，但天國並非天堂。讓我們再解釋一次。天國其實是用來借指「神的國」，最早期的基督徒都是猶太人，他們使用這個說法是因為神的名字相當神聖，不可以從口裡說出[9]。天國不是一個地方，而是一個時間，是未來的一個時間點，是「世代的終結」，到時神的旨意會充滿宇宙。這就是為什麼基督徒會這樣禱告：「願祢的國降臨，願祢的旨意成就」。耶穌傳講天國近了、非常近，甚至有些佈道聽起來像是耶穌認為天國已經來臨了。

耶穌死後，祂的門徒有了深刻的屬靈經歷，門徒們將這種經歷詮釋為耶穌仍活著，而當代聖經學者認為一直到這時候，基督教的復活觀才成型。但在基督教的復活論中，並非「個人」死後可以「上天堂」，而是「所有的選民」會在世代的終結同時變化形象。同樣地，耶穌將火湖形容為「哀哭切齒的地方」，這並非指死後的地獄，而是指當歷史走到盡頭時，惡人將被拒於神國大門外。

所以說，戴瑞，你死後可能不會直達天堂（或地獄），不過不怕一萬，只怕萬一，還是先做好準備為妙。就像伍迪・艾倫說的：「我不相信來生，但我還是會先準備好換洗內褲。」

不過如果你追求的是（實體的）即刻升天，可以了解一下老派基督教學者的理論。這些學者認為，聖經裡有很多篇章都提到了實體天堂、實體地獄。所有人類在死亡之時都會被分派到屬於自己的地方。舉例來說，《希伯來聖經》提到了「陰間」，人死後的靈魂會待在這個地方，有點類似地獄，不過陰間比較像是勞苦之地，而非接受懲罰之場所[10]。傳統聖經學者也引用了耶穌在〈福音書〉中談到死後立即上天堂的言論。又例如〈路加福音〉中，耶穌對與祂一同釘十字架的罪犯說：「今日你要同我在樂園裡了。」

這樣聽起來，天堂有特定的時間、特定的地點。伍迪．艾倫先生一向最害怕「確實有來生，但是沒人知道確切會在哪裡發生」，我想他的恐懼應該可以消弭一些了。當代聖經學者則認為，雖然耶穌認為人死後有個臨時的庫房可以讓人先待著，但他心裡真正在意的是未來的「神國」，以及世代終結之後，人類在他的管制之下享受「永生」，而不是看重死後直達的天堂。

話說到底，傳統基督教學者認為〈啟示錄〉是天堂意象的大金礦。約翰在拔摩島上看見一個異象：新耶路撒冷的城牆是碧玉造的，城本身則是純金，明亮如水晶。城的根基有寶石裝飾，城裡不需要燈，因為神就是聖城之光。傳統教義派也在〈啟示錄〉中找到了地獄的樣貌——「硫磺火湖」。

雖然約翰明確指出這些異象是在末日發生，老一派的解經學者還是傾向於認為，這異象是在描述死後的天堂或地獄。當代聖經學者認為，這些保守派學者應該要詳查資料來源——因為約翰當時可是獨自一人在孤島上看見這些所謂的異象。

有趣的是，傳統教義派也採納保羅的「歷史終點，新世代起點」的觀點，雖然這個觀點和死後立刻上天堂有所衝突。保羅說：「在基督裡死了的人必先復活，然後我們這些還活著、還存留的人，必同時與他們一起被提到雲裡，在空中與主相會；這樣，我們就要和主常常同在」[11]。保守派的基督徒稱這個將發生在末日的事件為「被提」（the Rapture），黎曦庭（Tim LaHaye）和曾健時（Jerry B. Jenkins）的暢銷著作《末日迷蹤》（*Left Behind*）也正是以此為題材。

「被提」服務網站

對於那些預期自己可以「被提」而又很擔心其他親友會被留在世上的基督徒們，有個網站提供一項不錯的服務。訂閱服務的人在繳交年費（第一年四十美元）後，可以把要寫給親朋好友的訊息發給網站管理者，待被提之後六天內，系統會把訊息發給親朋好友。會員的訊息會儲存在系統中至少六天，這樣就還有機會可以勸深愛的人悔改並接受基督。「我們的宗旨是，讓迷失的人有機會聽到最後的一番話，而這會是他們最願意豎耳傾聽的時候。可能是第一次，也是最後一次。」

如果網站的管理員屆時全部被提了怎麼辦？誰來管理這些訊息？別擔心，他們都想好了。網站總共有五名管理員，分散在美國各處，若是五個人當中有三個人三天沒有登入網站，系統就會自動送出警示。這種五取三的做法代表其中至少會有兩個人不被提。如果有人不小心誤觸了系統，系統也會等待三天才自動發出電子郵件。這些「留存的人」真是未雨綢繆啊！

網址：www.youvebeenleftbehind.com

當愛琴海上的小島突然出現了牛仔

「看來我今天已經吃夠多致幻仙人掌果了！」

天堂的入場資格

多數相信有天堂的人，都認為自己一定進得了天國大門，這也不意外啦。其中有四十三％深信自己夠資格上天堂，因為他們「認罪並接受耶穌基督為救主」。十五％的人認為自己勝券在握，因為他們「努力遵守十誡」，另外有十五％的人則是認為自己「整體而言是個好人」。最後，有六％特別樂觀的人相信自己會上天堂是因為「神愛世人，不願世人滅絕」。

要了解《聖經》中的入場資格，不管是通往天堂的門票還是永生的門票，仍取決於你問了誰。若看《希伯來聖經》，保守派的學者比較強調律法：孝敬父母啦、在鄰居的妻子面前不可失控啦、要喝羅宋湯啦、不可吃淡菜佐義大利紅醬等等。自由派學者則崇尚申言者書中廣義的正義。申言者的教誨不如律法明確，但有些人認為這些教誨比律法更難遵守。申言者彌迦（Micah）將這些教誨總結如下：祂向你所要的是什麼呢？無非是要你施行公理、喜愛憐憫、謙卑地與你的神同行。[12]

至於《新約聖經》，老派學者強調的是耶穌和保羅清楚明確的陳述句，例如：不可離婚；但自由派學者則指出，耶穌和保羅似乎比較注重律法的精神而非律法的字句。舉例來說，一世紀一位經學家想要知道如何可以得到永生，耶穌並未列出不可做的事，反而只是對他說要全心、全魂、全心思並全力愛神，還要愛鄰舍如同自己[13]。甚至耶穌還在別處經文中說到，我們不該審判他人。什麼？所以不禁止同性婚姻嗎？耶穌不懂基督徒的生活方式嗎？

從以下這位女性的態度中，可以看出律法精神和律法字句的關鍵：

警察獲報前往一間公寓，抵達時發現一具死屍，死屍旁站著一位女性，手裡拿著沾滿鮮血的五號鐵桿。警探說：「小姐，這是你丈夫嗎？」

女子說：「是。」

警探說：「妳用高爾夫球桿打他嗎？」女子說：「是的。」

警探說：「妳打了他幾次？」女子說：「我不知道……五次？六次？大概七次吧……算了，抓平均寫六次好了。」

昨天我在此地預言了世界末日，
但世界末日並沒有來臨。
造成不便，請多包涵。

雖然保羅有時感覺作風強硬，但他也說道，在一切事物當中，永生是個禮物，我們沒有辦法靠一己之力取得。這入場資格真嚴格喔！

話雖如此，基督教各公會常讓人感覺每個人都有張天堂成績單，只有某些人可以成為校長最愛的優等生，也有很多基督徒認為聖彼得是天堂大門的守門人，受指派執行入場審核，就像高級夜店門口的守衛一樣，會問入場者一些很尖銳的問題：

一名男子死了，準備面臨審判。聖彼得在天堂門口迎接他，說：「在你見上帝之前我得先告訴你，我們審查了你的一生，你沒特別行善，也沒特別作惡，所以我們不確定要不要放行。你可以告訴我一些你做過的事，來幫助我們做決定嗎？」

這位申請者想了一下後說：「嗯，有一次我獨自開著車，看到路邊一群機車騎士在騷擾一位女子。我停下車來，拿出我的輪胎扳手，走向那幫人的頭頭。他塊頭很大、身材精實、毛髮旺盛，身上全是刺青，鼻子上還有鼻環。我扯下了他的鼻環，叫他和他的狐群狗黨放過這女子一馬，不然我就讓他們吃不完兜著走。」

「膽識過人，」聖彼得說：「這是什麼時候發生的事？」

「大概兩分鐘前。」

聖彼得的深度訪談，於是成了入場的關鍵：

天堂人滿為患，於是聖彼得決定只放行死亡當天過得非常悲慘的人。實施新入場政策的第一個早晨，聖彼得對隊伍中第一位男子說：「說說你死亡那天發生的事。」

男子說：「喔，超慘的。我覺得我老婆有外遇，所以我提早下班想要抓姦。我在公寓內仔細搜索，但怎麼也找不到小王。後來我上了陽台，發現有個男人手指扣著陽台邊吊在外面。我返回屋內拿了個榔頭，開始敲他的手。他掉了下去，但是掉在樹叢上，活了下來。所以我又再返回屋內，搬了冰箱，把冰箱從陽台推下去。冰箱砸中男子，但是因為抬冰箱使了好大的勁，我心臟病發就走了。」

聖彼得同意這樣真是太慘了，所以就放行了。聖彼得接著問隊伍中下一名男子死亡當天發生的事。

「先生，這天真慘。我在自家陽台上做有氧運動時不小心打滑跌到外面，我努力抓住樓下住戶的陽台邊，此時出現了一個瘋子，開始用榔頭敲我的手！我掉了下去，但掉在樹叢上，所以活了下來！但這傢伙又跑出來，把一台冰箱推到我身上！然後我就死了！」

聖彼得抿了一下嘴，讓他進入了天堂。

「說說你走的那天發生什麼事。」聖彼得對第三名男子說。

「好的，你想像一下，我裸體，躲在一台冰箱裡……」

要上天堂全靠不求回報之恩舉，若靠功績，你將被拒於門外，而你的狗會上天堂。

——馬克・吐溫（Mark Twain）

天堂與地獄的概念

天堂和地獄的概念並非僅見於宗教，亦可見於世俗文化。舉安德烈的例子來說好了：

安德烈住在天堂，他想去地獄見見老友皮耶。安德烈的申請被批准了，撒旦便親自領安德烈到他朋友的私人套房。

套房內，皮耶坐在單人沙發上，有個標緻的裸女坐在他的大腿上，沙發旁的桌子放著一盤開胃菜，他手裡還拿著一個香檳杯。安德烈簡直不敢相信。「這是地獄？」安德烈驚嘆。

「是啊，」皮耶嘆了一口氣說：「這女人是我第一任妻子，這乳酪是比利時乳酪，這『香檳』──還能說什麼呢？這根本不是香檳啊，產地竟是加州！」

你也許會說，聖彼得把關天堂大門的想法是哪來的？耶穌在〈馬太福音〉中說他要給彼得「天國的鑰匙」。當然，耶穌是說彼得在新世代的來臨時扮演著重要的角色，這種說法聽起來很模糊，並沒有清楚指明彼得可在天堂社區的大門口把關，但我們的確是因為這處經文而把守門人的工作指派給聖彼得。在〈啟示錄〉中，約翰看見了新耶路撒冷城，而其中一個細節是：聖城有十二道門，每道門都是「一顆珍珠」。把這些經文放在一起會得到什麼？就是聖彼得守衛天堂大門。

你的天堂還是我的天堂

在選擇宗教時有一個層面一定要謹慎考慮，就是該宗教的來生會在何處？來談談佛教的淨土宗好了。淨土宗信徒認為，人類在末法時代（Age of Dharma Decline）太過墮落，所以多數人無法僅藉著冥想達到空無的涅槃。淨土宗認為若是對阿彌陀佛夠虔誠，就可以到達淨土。在生命走到盡頭的時候，這些人會先抵達淨土，之後達到涅槃就會容易些了。

在《佛說觀無量壽佛經》中，佛祖告訴我們要如何看見淨土。透過冥想，我們可以看見高大的樹木，樹上有以七種寶石為材質的花和葉。青金石的部分會散發金色光芒；琉璃的花散發暗紅色光芒；翠綠色的葉子散發出綠寶石的光芒；綠寶石葉子則散發珍珠綠的光芒，有點像是身處在稜鏡中一樣。層層的寶石網覆蓋著樹木。網和網之間是五十億座花宮，每一個花宮內都有戴著五十億個還願寶石的孩童。（就連大導演史蒂芬．史匹柏來都無法將其完美呈現。「我們總共向製作組下訂了五十億個花宮，但抱歉了，史蒂芬，你只能用這三十個想辦法了。」）

伊斯蘭教的「樂園」也很有異國風情。根據《古蘭經》的記載，進入樂園的人將要「面對面躺在鑲著珠寶的榻上，不老的僮僕服侍他們，奉以斟滿仙酒的壺與碗與杯（仙酒喝了不頭痛也不會失去理智），各種鮮果以及禽肉任君挑選，還有深色眼睛的童身仙女，如未出蚌之珍珠一般，她們是行善之人之報酬……我們創造了這些女子，使她們成爲處女，爲了要給有福的人作伴侶。」[14]

《古蘭經》中並未提及著名的樂園七十二處女，此說的來源非常久遠而且極為複雜。伊斯蘭教其中一輯聖訓（伊斯蘭各種傳統之記載）中提到，七十二處女的典故是某個人聽到的第三手消息，有人曾聽穆罕默德說：「人在天堂最微小的獎賞，就是充滿八萬名奴隸和七十二名處女的住所。」[15]伊斯蘭教的神職人員認為這個消息來源「證據薄弱」，所以我們對於屆時是否真的有七十二位也是存疑，是吧，戴瑞。此外，也有可能是因為我們已經在領老年福利金的關係，七十二位處女對我們來說感覺有點太超過了。但八十萬名奴隸又是另一回事了。

當然，宗教傳統中的天堂印象常反映該宗教之基本精神。舉例來說，在印度教的多層陰間中並沒有「樂園」這一層。陰間僅是一層層的修煉場所，按照層級排列，我們的因果報應會決定自己通往哪一層，而這般修煉是為了要通往一個終極目標——超越萬物。另一方面，孔子則完全抗拒探討天堂。孔子認為天堂是已逝先人的居所，但在一般情況下，他認為探討來世是本末倒置，因為對他來說現世實際的人際倫理才是重點。

「你在人間有假死逃亡的紀錄。
我怎麼知道你這次是不是又裝死？」

藝術家眼中的天堂

感謝上天賜給我們藝術家。或者該說，感謝藝術家替我們描繪出天上的模樣。正是穿著畫家袍的這些人畫出了我們印象中的天堂——價值非凡的藝術創作。

我們今天對天堂的印象，多來自於中世紀晚期和文藝復興時期的畫作。看看十六世紀早期的《神聖三一登基》（*The Holy Trinity Enthroned*），該畫作之作者僅以「蘇格蘭詹姆斯四世大師」之名流傳於世（Master of James IV of Scotland，如果他有朋友在當饒舌歌手，可能會暱稱他MJ4）。從這幅畫作中，我們可以看見長久以來大家對天堂的印象。天堂懸在空中，位於雲層上方，也就是說，實際方向視你在地球上的位置而定，總之天堂位於「上方」（除非你是地球平面說的支持者）。

在許多天堂印象中，雲朵都是很重要的一部分，有時天堂會位於雲層上方，而大多數情形下雲層都是天堂諸人踩在腳下的渺渺地面。此外，此畫作中的天堂擺設都是淡淡的粉色調，畢竟用原色來描繪天堂是花俏了點。最後替這幅畫作增添色彩的是繞著神聖三一的彩虹。天堂無雨，但彩虹俯拾即是。

我們也可以參考生於希臘十六世紀晚期的畫家提歐托可波勒斯（Doménikos Theotokópoulos）的《歐貴茲伯爵的葬禮》。提歐托可波勒斯移居西班牙之後，化名「希臘人」——El Greco，因為他覺得這個名字的拼法比較簡單。這幅畫作中，淡色的天堂幾乎要褪成接近透明的白，另外還可以看到天堂中常見的兩個主要元素：就服裝而言，寬袍和白色的詩班袍絕對是主流（天堂是個平等的社區，人人都身著寬袍或詩班袍，就像學校的制服一樣，這樣就看不出孰為權貴孰為平民）。不過百姓就不一定會頭頂光環、身背翅膀。最後，畫作的空中充滿著對抗地心引力的小可愛——長著翅膀的小天使們。文藝復興時期的畫作中常可看見這些可愛的小東西，而金豎琴也是時尚配件。除了豎琴，也有些畫作會出現天堂唱詩班，若不是描繪整批人馬，至少也會有高音部。

不少藝術史學家認為，可以從「人間天堂」（伊甸園）的相關畫作中一窺天堂樣貌。伊甸園已不復存在，不過用伊甸園的雛形來思考天堂，在世的人可能會比較好理解。十五世紀的荷蘭畫家耶羅尼米斯・波希（Hieronymus Bosch）就創作了一幅《享樂的花園》（波希的出生名為耶若・安托尼森・凡・阿肯，Jeroen Anthoniszoon van Aken，後改名為耶羅尼米斯，因為他覺得這個名字比較難拼）。著名的《享樂的花園》三聯畫之左幅亦被稱作「樂園」或「伊甸園」，波希於此描繪出伊甸天堂的一些特色：田園、豐饒、各種親人可愛的動物——是個擁有許多熟成營養水果的太平天國。這讓我們想起了一個故事：

艾爾和貝蒂現年八十三歲，婚姻已邁入了第六十年。他們雖然不富有，但因勤儉持家也得以度日。他倆都很健康，主要是因為貝蒂對健康飲食的堅持。他們在前往第六十五屆高中同學會的路途上，飛機失事了，兩人都上了天堂。聖彼得在天堂大門口迎接，陪同他們走到一間美麗的大房子，裡面全是黃金和高級絲綢的傢俱，有備妥食材的廚房，主浴室內還有一個小噴泉。屋內有一名女僕將他們最喜歡的衣服放入衣櫃中。他倆讚嘆不已的同時，聖彼得說：「歡迎來到天堂，從今以後這就是你們家。這是你們的獎賞。」

艾爾看見窗外有個錦標賽高爾夫球場，比他在世見過的所有高爾夫球場都還要美。聖彼得帶他們到高爾夫球俱樂部，那裡有奢華的自助午餐，能想像到的高級餐點都盡收眼底，有龍蝦拼盤、腓力牛排，還有綿密的奶油甜點。愛爾神情緊張地看著貝蒂，然後轉向聖彼得說：「低脂、低膽固醇的食物在哪呢？」他問。

「這裡最棒的是，」聖彼得回：「你可以隨心享用各種美食，要吃多少就吃多少，永遠不會變胖，也不會生病，這就是天堂！」

「不用量血糖也不用量血壓嗎？」艾爾繼續問下去。

「再也不用量了，」聖彼得說：「只要好好享受就好了。」

艾爾瞪著貝蒂抱怨著：「都是妳！吃什麼燕麥麩！不然我們早在十年前就可以上天堂了！」

上述只是一些天堂的基本元素，《聖經》裡的描述、雜誌廣告、童書、卡通還有電影內容則填補了剩下的細節。

天堂入門手冊

描繪天堂的童書出版速度之快，更勝小規模的精釀啤酒廠。瑪莉亞．施賴弗（Maria Shriver，魔鬼終結者阿諾的老婆）最近出了一本書叫《天堂是什麼？》（*What's Heaven?*）。

這本書的內容是一名小女孩在外婆過世之後，母親與她的問答集。小女孩問媽媽為什麼她看不見天堂，媽媽給了一個富有哲理的答案：「天堂不是肉眼能見之處，而是妳心之所向。」

不過我們最喜歡的童書天堂還是辛西亞．萊倫特（Cynthia Rylant）的《狗狗天堂》（*Dog Heaven*）。死去的狗狗不需要翅膀，因為牠們喜歡跑來跑去。狗狗天堂中的上帝外型是個老農夫，留著白色的八字鬍，戴著一頂奇怪的帽子，牠希望狗狗們可以順著天性當一隻狗。

狗狗天堂的設定和伊甸園很像，有湖、有鵝，還有小天使陪狗狗玩耍。最厲害的是，如果你是隻狗，你的天堂裡會充滿著職人手作的狗餅乾，形狀有貓咪、小松鼠，還有火腿三明治。汪汪！

從《聖經》中的描述看來，天堂居民臉上好似永遠掛著心滿意足的表情，幾乎已經接近自我感覺良好的程度了。天堂居民會群聚在一起消磨時間，他們最喜歡的聚會場所是長著羽毛般葉片的樹蔭底下。上帝自己則是有聖徒常相左右，僅偶爾在眾人面前現身一下。上帝和大家一樣穿著寬袍，但上帝的袍子比較細緻柔軟（是也沒人抱怨啦）。

我想我拿了一手「棒到升天」的好牌。

天堂也是非常常見的單格幽默漫畫場景，出現頻率和無人島及心理醫師的診間不相上下。很多故事都發生在天堂大門口，拿入場資格來開玩笑（附帶一提，漫畫家大多偏好「白雲天堂」，不愛「綠意花園天堂」，大概是因為他們比較習慣黑白創作）。

進了天堂大門之後，人們便會出現各種滑稽的行為，因為雖然已經上了天堂，但人還是人，還是脫不開在世時的各種怪癖、反常行為以及平庸無奇。不是要掃你們的興，但上一頁描繪天堂中有人在打牌的漫畫提醒了我們長久以來的一項憂慮：永恆的生命是否也帶來了沉悶呢？難道天堂也無法倖免嗎？以下是愛好釣魚多年的吉爾的故事。

吉爾在美麗的河邊拋出了釣竿，捕獲了一條漂亮的二十磅鮭魚，但在收線的時候，吉爾心臟病發作了，非常嚴重。

吉爾恢復意識之後，他發現自己躺在一條更美的河邊，河裡滿是鮭魚。他旁邊有支最先進的釣竿。他拿起釣竿，拋了出去，中獎！吉爾立刻抓到了一條驚人的三十五磅鮭魚，收竿。他真是太開心了。吉爾再次拋竿，馬上又釣到了一條肥魚。吉爾繼續釣下去，他身後的河岸上漸漸排著一列漂亮的魚獲。

但是到了下午，時間一長，吉爾便發現自己釣魚的熱情不再，甚至開始覺得無聊了。

就在此時，吉爾看見河岸邊有名男子向他走來。「所以，天堂就是這樣？」吉爾叫住男子。

「你覺得這裡是天堂？」男子回答。

電影裡的天堂

以來世為主題的電影則刻畫出了天堂更有趣的細節。以一九二六年的經典無聲黑白德國片《浮士德》（*Faust*）為例，雖然這部片並非著重於天堂日常生活的刻畫，但浮士德在魔鬼相伴之下穿越各種時空，讓觀眾得以一瞥天堂景色：明亮的光束穿過迷霧，宏偉的古希臘式建築建設尚未完竣就成了廢墟。這部電影的場景多取自杜勒（Dürer）或布勒（Bruegel）等憤世嫉俗藝術家的作品，所以浮士德的天堂又神祕又朦朧，宛如地獄，在此度過永生一點也不快樂。

煙霧在後來的電影中也變成了必備元素。在一九四一年的喜劇片《太道虛人》（*Here Comes Mr. Jordan*）中，我們可以看到好萊塢特效組打造出的經典「乾冰天堂」——一大片薄霧繚繞，亡者還可以在上面行走。

一九四三年的黑白音樂劇電影《月宮寶盒》（*Cabin in the Sky*）中，天堂僅是故事發生的場景，不過可以看見電影中的天堂還是人踩在雲上的概念。該劇充滿了那個時代對黑人的刻板印象，描繪天真、貧窮、卻總是很快樂的非裔美國人，為了配合這種設定，他們通往天堂的天梯是由二乘四吋木材搭成的陽春梯子，搖搖晃晃，簡直都快散開了，但也沒人放在心上。

《太虛道人》和《月宮寶盒》上院線之後沒幾年，英國電影《太虛幻境》（*A Matter of Life and Death*，美國發行片名為 *Stairway to Heaven*）竟描繪出了天堂複雜的細部。這部片視覺表現上最有趣的是，天堂是黑白而地球生活是彩色的（有位天堂居民下來地球辦事的時候說：「天堂好需要特藝彩色（老牌沖印公司）」）。《太虛幻境》中的天堂一板一眼，只有公事，所有辦公人員都忙著要記錄每個人死亡的確切時間。這個天堂符合一九四〇年代的未來風格——有輸送帶運送著剛死的人，百貨公司服裝架上掛著一對對翅膀，還有一台自動氣泡水機器。

《太虛幻境》的劇本非常「高概念」（High concept），但也點出了一些老派的哲學問題：天堂是否只是幻覺？是否只是腦部受創產生的症狀，可以以手術治癒？真愛的最高境界是否是願意代愛人受死？活在黑白的世界會比活在彩色的世界好嗎？最後一個問題背後的概念是：天堂其實就是一部電影，或至少可以說是一個適合拍片的場景。

好萊塢王牌製片、導演奧托·普里明傑（Otto Preminger）駕鶴西歸時，聖彼得在天堂大門迎接他，向他說道上帝想請他再多拍一部片。

聖彼得說：「是這樣的，我們可以請貝多芬替電影寫配樂。」

普里明傑回嘴說：「你都沒在聽我說話，都說了我不想再拍電影了。」

「但是我們還可以請達文西替你設計場景耶。」聖彼得繼續說。

「我不想再拍電影了！」導演很強硬。

「你先看一下劇本嘛，」聖彼得說：「這是莎士比亞為你寫的劇本喔！」

「嗯……貝多芬做配樂、達文西做場景、莎士比亞寫劇本……要拍壞也很難吧？」普里明傑說：「我接了！」

「太好了！」聖彼得很開心。「不過得請你幫個小忙……我有個女性朋友很喜歡唱歌……」

媚俗的電影天堂在一九九八年超高預算的《美夢成真》（*What Dreams May Come*）中登峰造極。在《星際大戰》開創了好萊塢新特效時代之後，《美夢成真》便首開先例運用特效來刻畫天堂，這部片中的天堂明顯是伊甸園風格，場景設定主要是莫內風格的畫作，再以大賣場的廉價畫作點綴，片中還運用數位特效讓狗狗、小仙子、大美女在空中飛。這是一個感官刺激爆棚的天堂：每個場景都像月曆上的畫作一樣，充滿金黃色的光束、彩虹、白雲繚繞的高山、滾滾的水流、鬱鬱蒼蒼的樹木、野花，更別提希臘羅馬式的住宅，裡面全是古典柱式還有一九五〇年代的庭院傢俱。根本是注意力缺乏症患者的天堂。

一點也不意外，討論到哲學問題的時候，《美夢成真》這部片正是新時代空洞派思想的代表。片中的天使長說：「你可以用想像力創造出自己的天堂」、「想法是真的，實體則是幻象」還有「天堂很大，所以每個人都可以擁有自己的私人宇宙」。不錯吧？禪師聽到這些都要忍俊不住了。

感謝英國喜劇團體蒙提派森（Monty Python）在電影《人生的意義——第六部：死亡》（*The Meaning of Life—Part VII: Death*）中替我們描繪了一個古怪的天堂，比起其他電影中的天堂，那裡更有活力、充滿歡樂——雖然這其實是一種諷刺。

不過在進入蒙提派森的奇想世界之前，我們實在忍不住要先告訴你這部片的荒謬背景設定：死神前往英國，在一幢郊外的中產階級住宅敲門，這戶人家正在晚餐。男主人西裝筆挺，打著領帶前來開門，他看見死神拿著鐮刀站在門口。「是來談修剪樹籬的事嗎？」男主人問。男主人的妻子上前邀請死神進來，一臉傻樣地笑著對客人說：「這位是村裡的人，」然後說：「親愛的，給死神先生倒杯喝的。」

死神一點不感興趣，說：「我是來帶你們走的。」其中一人聽了這句話後說：「嗯……真是掃了今晚的興致啊！」

就這樣，這群人全被帶上了天堂（因為女主人端出來的鮭魚捲有肉毒桿菌），來到了一個充滿現代感，以白色為基底的飯店櫃檯。櫃檯領這群人來到「紅色大房」，這是間拉斯維加斯風格的劇院，劇院內的桌邊坐滿了來自不同時代的人，大家開心地聚在一起。表演就這麼忽然開始了：這是齣華麗的音樂舞蹈劇，主角長得很像湯姆．瓊斯（Tom Jones），劇中有天使般的女合唱團，這些女歌手還大露酥胸（超紅的卡通片《南方四賤客》電影版中也有袒胸露乳的大奶天使，不知道這是不是變成潮流了？）

在《人生的意義》劇末，一個女人在壁爐旁說著，嗯，人生的意義，以及其老掉牙的結論：「待人和善、好好吃飯、享受生命」。說也奇怪，在這部劇中聽到這些台詞，其實令人滿有安全感的。

那地獄是什麼？

談到地獄，我們有很多可說。地獄是罪人來世的居所，地獄也在「後聖經時代」自行發展出了專屬的樣貌，這點和天堂一樣。畫家、插畫家、動畫家和電影人都紛紛刻畫出地獄中火紅色的場景。

當然我們也不能漏掉詩人，但丁（Dante）的《神曲》〈地獄篇〉帶領我們一窺九層地獄的樣貌。我們對於地獄的想像有時源自於希臘神話中的冥府，冥府是冥河側邊一個環境惡劣的地區，不過大部分的地獄印象還是來自於藝術家和諧星的惡夢。

地獄讓我們多了一個可以對死亡感到恐懼的原因——就算真有來生，而我們的靈魂也得到了永生，但卻必須在這個行刑室度過怎麼辦？

萬萬不可！

沒錯，鄉村歌手對地獄的觀點還是比畫家和電影人務實。洛麗泰．林恩（Loretta Lynn）這樣唱道：

人人皆想上天堂，卻沒人想死。主啊，我想上天堂，但我不想死。

我盼著投胎轉世的那日，因爲我喜愛地球上的日子。

人人皆想上天堂，卻沒人想死。

「可不是嗎？林恩！」

戴瑞，我們和你想的一樣！把燕麥麩傳過來吧！

— PART 4 —

來生

如果已故的阿姨打電話來，
掛掉會不會很沒禮貌？

你有瀕死經驗，真的？✦

是的，戴瑞，你知道的，死亡的時候，你的心臟會停止跳動，你將不再呼吸，所有的生命跡象都會停下來……然後忽然間你就靈魂出竅，飄浮在半空中——浮在自己的身體上方！你感覺好極了，簡直快樂似神仙！你知道自己死了，但你不會下地獄，而是要上天堂了！此時音樂會漸漸響起，是天籟之音，有豎琴、唱詩班，可能還有一兩支長笛伴奏。真美。

咦，遠處那個明亮的光是怎麼一回事？你情不自禁地被吸了過去。那束光在長長的隧道的彼端。你非過去看看不可。等等，入口處好像有人？博帝叔叔？

「戴瑞，你好嗎？」

「叔叔！上一次見到你是……媽呀，是一九八七年你過世的時候，好久了！」

還有露露阿姨、以前的足球教練比利．瓦沙林斯基，以及歌手法蘭克・辛納屈（Frank Sinatra）……。

老天，沒錯！我要上天堂了！忽然眼前播放起了棕褐色調的傳記電影，你的生平、你在世時發生的一切（至少是重點事件）都呈現在大螢幕上。看！是你以前養的狗巴斯特！是你六歲的時候，巴斯特穿越草皮朝你跑來！

此時天上傳來了一個巨大聲音。

「戴瑞，沒那麼早，」大聲音說道：「還不是時候，你在地球上還有未完成的任務。你得回去繼續當哥倫布騎士會的財務長。」

此時你在手術台上醒了過來，大口吸著氣。「發……發生了什麼事？」你努力擠出這幾個字。

一位身著白衣的女人站在你上方。「戴瑞，你走了一陣子。」她說。

「走了？」

「臨床上來說，你死了一陣子。」她指著監控心跳的器材說。

「我死了多久？」

女子回：「嗯，大約十秒。」

此時你才意識到自己剛在死亡關口走了一遭，這個現象其實相當普遍，內行人稱之為「瀕死經歷」（NDE，near-death experience）。

戴瑞，你不孤單。有過瀕死經歷的名人有伊莉莎白．泰勒（Elizabeth Taylor）、莎朗．史東（Sharon Stone）、彼得．謝勒（Peter Sellers）、蓋瑞．布希（Gary Busey）、艾瑞克．艾斯特拉達（Erik Estrada）、唐納．蘇德蘭（Donald Sutherland）、畢．雷諾斯（Burt Reynolds）、吉維．蔡斯（Chevy Chase），以及奧茲．奧斯本（Ozzy Osbourne）等。奧斯本在一次單車事故後「死了兩次」，總計昏迷了八天。我們可不是隨便從路邊撿瘋子來舉例。

一九七五年，雷蒙．穆迪（Raymond Moody）的《死後的世界》出版後，瀕死經歷的熱烈討論就此展開。穆迪訪問了上百名互不認識的人，受訪者在訪問中都提到了你剛才的體驗（如果不是整套體驗，至少也有部分）。這本書一炮而紅，也被拍成紀錄片，上了院線。有過瀕死經歷的人如雨後春筍般出現，隨著網路的問世，這些人可以互相交流，比較彼此的經歷。

瀕死經歷不僅證明了死後確實有來生，還讓這整個信念有了個人親身經歷作為基礎。這些經歷可以說是天堂、地獄、上帝、撒旦、心電感應和狗狗天使的證據。但你也知道，雖然有過瀕死經歷的人認為自己的體驗是證據確鑿的事實，但此時總會出現一些掃興的科學家、哲學家。

這些對瀕死經歷抱持質疑態度的學者，通常會先承認自己沒有辦法證明來生並不存在，但也沒有辦法證明「臨床死亡」後提前看見的來世真偽，不過，另一方面來說，這種主觀經歷的證據相當薄弱，不足用來證明來世確實存在。所有超自然經歷都一樣（例如看到你老婆頭上有個茶壺在空中轉），沒有辦法用客觀的研究方法來驗證經歷是否為真。瀕死經歷最主要的問題是：這些個人經歷與我們「例常經歷的真實」（「真實的世界」）間是否有所連結，而非僅是大腦忽然短路造成的現象？

「上週我覺得我來了一場瀕活體驗。」

大腦神經元突觸忽然短路，是存疑者對瀕死經歷提出的另一種解釋——這是大腦的異常活動，可能是由致命創傷所觸發的。神經外科醫師菲利浦．卡特（Philip Carter）表示：「人腦就像一部終極電腦，關機重開機後會出現很多異常活動，造成改變。」卡特認為瀕死的體驗和記憶是大腦重啟所造成的現象，就像癲癇患者在癲癇發作時出現了超自然體驗，腦波圖常能記錄到他們大腦中的異常活動。

一位老先生忽然失去意識之後，醫療器材螢幕顯示他的心臟停止了跳動。在經過大約二十秒的復甦急救後，老先生活了過來。醫生跟老先生說，他的心跳停止了一陣子，並問他是否記得這段期間發生的事。

「我看見一道白光，」老先生說：「我眼前有個身穿白衣的男人。」

醫生聽了很興奮，便問老先生是否能描述這個人的外型。

「當然，」老先生說：「這人就是你。」

有過瀕死經歷的人則予以反駁，他們說有類似瀕死經歷的人為數眾多，而這些人的經歷構成了互為主體的共同意識（inter-subjective consensus）。持存疑態度的人並不買帳，認為這些人會出現類似經歷細節僅是由於「溝通」——幾乎所有人都從電視節目中或穆迪的書中知道了瀕死經歷該有的樣子，進而據此產生了類似的經歷。存疑者可能也會提到，同樣有超過百分之二十的美國人認為自己曾被外星人綁架——甚至還有人認為自己談過「異星戀」。這數據使瀕死經歷的互為主體論點，是站不住腳的。

其實，卡特和其他持相同論點的人覺得瀕死經歷是很棒的一件事——並不是因為瀕死經歷告訴我們死後有來生，而是因為這代表死亡的過程可以是愉快的。不過，他們也發現有過瀕死經歷的人中，只有十％的人有愉快的死亡體驗，絕大部分的人在過程中仍感到恐懼、不安。

不過，戴瑞，我們還沒說完。仍有些哲學家（當然還有為數眾多的神祕主義者）認為，不管精神狀態改變的原因是什麼（舉例來說，吞了「魔菇」），變化後的精神狀態是可以傳遞不同訊息的——也就是「時空之外的真實」的相關訊息。十九世紀的美國哲學家威廉・詹姆斯（William James）就這麼認為。詹姆斯在他的大作《宗教經驗之種種》（*The Varieties of Religious Experience*）中，寫下了笑氣作用之下的體驗：

當時我腦中硬是冒出了一個想法，而從那時起，我便不曾懷疑此想法的眞實性。人類正常、清醒時的意識（我們稱爲理性意識）只是其中一種意識的型態，雖然我們會以爲自己只有一種意識，但實際上，可能在一線之隔處存在著完全不同的意識體系。我們可能就這樣活在世上，完全沒有想到可能會有其他意識體系之存在，但若予以適當的刺激，就可以完全開啟唾手可及的另一種心理狀態，而這種心理狀態可能會有自己的應用、適用場域。[1]

如果你覺得詹姆斯的觀點聽起來很熟悉，可能是因為這和吉兒・泰勒在自己中風時的觀察頗為相似，也有可能是因為你也常去我們去的那間酒吧，看過吧檯後方的標語：「現實是一種酒精不足而產生的幻覺。」

通靈，可能嗎？

「你們埋首書堆鑽研不朽靈魂的同時，我老婆可是每天晚上都在跟她的姨婆愛德納聊天。」

所以呢？

「愛德納姨婆三十年前就過世了。」

喔，就是通靈嘛。戴瑞，其實有很多正統哲學家如威廉．詹姆斯和十九世紀的英國倫理學者亨利．西德奇維克（Henry Sidgwick），也會因為相同的原因溜到黑暗的房間中。當然他們不是要找愛德納聊天，而是要和冥界的其他人說話。

學術界和科學界對這件事反應很大，他們心想：「這幾個聰明人的大腦是失蹤了嗎？」

一八七〇年代開始，出現了一種詭異的風潮，高調的俄裔美國人布拉瓦茨基夫人在西藏的協助之下，於一八七五年在紐約成立了神智學協會（Theosophical Society），致力於靈學研究。通靈風潮席捲了英美兩國。當時有首廣為人知的歌曲叫作《靈魂的呢喃》（*Spirit Rappings*），這首歌是新時代運動的先鋒，也有人認為這是第一首走紅的饒舌歌：

輕輕地、柔柔地

聽著靈魂翅膀發出的輕柔沙沙聲；

他們又一次下到凡間

和地上萬物交流……

搭啦啦，逝去的好友就在你身旁；

搭啦啦，他們能看見你身影、聽見你說話……

什麼搭啦啦？這位鼎鼎大名的哈佛教授詹姆斯腦袋到底裝什麼？

簡單來說，詹姆斯（他弟是作家亨利・詹姆斯／Henry James，和大盜傑西・詹姆斯沒有關係）的腦袋是個開放空間，可以廣納新想法。他的美式知識論認為真理並非一成不變；反之，真理一直不斷地在進化，而盧克萊修（Lucretius）乃至霍布斯（Thomas Hobbes）等唯物論哲學家認為，只有物質的世界是真實的——這些學者反而終止了真理的發展。

對詹姆斯來說，理論應該要可以實際應用，理論不僅得與已知的事實一致，還要是解開未來真理的鑰匙。如果將來的事實與今日的真理相互抵觸也沒關係，只要承認錯誤，承認自己的理論有偏差就可以了。

但於此同時，詹姆斯認為如果我們照著某個假說行事順利，那麼這個假說就可以被看作是「真理」——只可惜當時脫口秀主持人史蒂芬・柯貝爾（Stephen Colbert）還沒出生，沒辦法用他的自創詞「感實性」（truthiness）來替詹姆斯背書。

根據詹姆斯的知識論，一味否認靈魂離開身體，獨自存活的可能性是過於武斷的物質論——這種想法會關上大門，使我們無法發覺可能的新真理。搭啦啦，敞開心胸接受新的可能性吧，大學者們！

另外，詹姆斯也捍衛「信仰的意志」（will to believe），特別是談論到宗教的時候。詹姆斯的意思是：「只要它夠強烈到足以吸引意志，我們就有權相信。」

雖然我們不該相信與既知事實有出入的事物，但在討論到宗教信仰或對自由意志的信仰時，我們可以自由選擇相信自己想要相信的，因為這些領域中沒有足夠的既知事實可以幫助我們做判斷。詹姆斯在日記中以詼諧的筆觸解釋這個概念：「我第一次使用自由意志，是當我決定相信自由意志之時。」

哲學家的分類

詹姆斯想出了一個不錯的方法來區分哲學家——把他們分成「心硬派」和「心軟派」。心軟派哲學家比較注重原則，較不在意事實；比較關注概念，較不在意感官證據；他們比較理想化、樂觀、比較可能有宗教信仰以及相信自由意志。

心硬派哲學家比較注重明確的事實，較不在意原則；比較相信感官上的證據，較不在意概念；他們比較物質主義、悲觀、不容易相信宗教、較相信宿命、善質疑。兩派人馬都覺得自己比另一派高明：心硬派認為心軟派是感性的傻子；心軟派認為心硬派粗俗又無情。詹姆斯認為，多數人都是兩派的揉合。顯然詹姆斯沒見過著名的喜劇演員格魯喬．馬克斯（沒見過也合理啦）。

雖然有時會有點異想天開，但格魯喬是個徹底的心硬派。他有次不情願地答應朋友一起參加一場熱門的好萊塢通靈會，活動費用非常昂貴。會中，靈媒遊走各桌召喚與會者已故的親人，居中轉達訊息、下預言、大膽回答各種問題。兩小時後靈媒說：「靈界的天使累了。我只能再回答一個問題。什麼問題都可以。」

格魯喬立刻接話：「北達科他州的首府在哪裡？」

來自靈界的信件

回來看看十九世紀，當時的英國靈魂與精神研究學會與其美國分會（兩個學會到現在都還存在）在探討靈界時可是戰戰兢兢的，並非他們怕鬼，而是因為若不謹慎，會員的學術聲譽可能會受到波及，所以務必要嚴格審視各路靈媒的各種言論，這點學會非常清楚。

後來，該學會成功拆穿了布拉瓦茨基夫人的謊言。雖然一開始布拉瓦茨基夫人一直不肯配合學會的調查，說自己只有在她印度馬德拉斯的鑲金神壇下才有辦法好好通靈。據說那座神壇裡有很多小抽屜，亡者的「靈界信件」還會忽然出現在抽屜裡。

但是詹姆斯的英國同事西德奇維克有名澳洲籍哲學系學生查德・霍奇森（Richard Hodgson），親自到了印度那座神壇後，發現神壇內的抽屜有前後兩個開口，布拉瓦茨基夫人的助手可以從後方把信件放到抽屜裡。布拉瓦茨基夫人蒐集亡者在世時寫下的書信，用熱氣打開信封，擷取了亡者的私人資訊後，重新封好信封，接著照著亡者的字跡仿造出寫有亡者私人背景資訊的「靈界信件」。

某種程度上來說，布拉瓦茨基夫人也算是預言了傳播學者麥克魯漢（Marshall McLuhan）流傳後世的經典名言「媒介即訊息」（the medium is the message）啦。

不過，西德奇維克和詹姆斯兩人都認為，雖然有很多行騙天下的江湖術士，還是可能有些靈媒真實擁有和亡者溝通的超能力——他們認為有五％的靈媒是真有其事（不要問我數據怎麼來的）。其中一位他們覺得很有潛力的靈媒是義大利的帕拉迪諾（Eusapia Palladino），她與靈界連接之後會性慾高漲，蜷曲在男性參與者的大腿上——又叫「媒介馬殺雞（the medium is the massage）。

不過，帕拉迪諾被德裔美籍的心理師胡果．孟斯特伯格（Hugo Münsterberg）抓包了：帕拉迪諾的腳疊在孟斯特伯格的腳上，她甩掉自己的鞋子，用腳推動了身後的桌子。詹姆斯對孟斯特伯格相當不滿。好吧，帕拉迪諾是動了些小手腳，但就算近距離仔細觀察，當下還是有很多超自然現象是解釋不清的。顯然帕拉迪諾讓詹姆斯心軟了（是坐大腿的功勞吧）[2]。

通靈服務

一名腹語專家急著找工作，於是跑去找他的經紀人。經紀人說，很遺憾，腹語已經退流行，綜藝節目掰了，電視節目主持人艾德・蘇利文（Ed Sullivan）也掰了。這位經紀人給的唯一建議就只有——去當靈媒。他給另一名腹語師客戶的建議也一樣。

這名腹語專家考慮了一下，最後找到了一個價格合理的店面，他的通靈小屋便開張大吉。第一位上門的客人是一名喪夫的寡婦。寡婦想和剛過世的丈夫說話。「要多少錢呢？」

腹語專家說：「五十美元妳可以問他是非題，他會用敲桌回答，敲一下代表『是』，敲兩下代表『否』。一百五十美元的話，妳可以問他任何問題，他會直接用語言回覆。此外還有五百美元的特別服務。」

寡婦問：「特別服務是？」

腹語專家說：「妳可以問他任何問題，他會用語言回覆你，然後我還可以一邊喝水。」

往生者的權利

通靈靈不靈其實應該也要考慮到靈界的朋友。他們憑什麼要隨傳隨到？難道他們就沒有事要忙嗎？應該至少也要有來電顯示的服務吧？

一名很資深的餐廳侍者死後，客人都很想念他。他的人緣非常好，所以幾名常客約在餐廳進行通靈，想跟他聯絡。

客人聚在黑暗的房間中，圍在桌子旁、手牽著手。此時靈媒大喊：「史納克．懷特斯！招喚史納克．懷特斯的亡靈！」

一片寂靜。

「史納克．懷特斯！」靈媒又再次呼喚。「召喚史納克．懷特斯的亡靈！」

仍舊是一片沈默。桌邊的人開始騷動了起來。靈媒察覺事態有異，便大聲吆喝：「我命令史納克．懷特斯的亡靈立刻現身！」

這會兒，鬼魂便在桌子上方現身了，所有人都認出這位已故的好友。

「看到你真好！」其中一名熟客說：「但你怎麼這麼久才現身？」

鬼魂抬起頭用鼻孔看著人，沒好氣地說：「這不是我負責的桌號！」

與已故的爺爺對話

皮茲太太碎念了好幾個月，要丈夫陪她去找女巫佛烈達通靈。「米提！佛列達是真的吉普賽人，她可以通冥府、傳達亡者的訊息。我們都試過了！上禮拜我和我母親說了話，願她安息。米提！只要花二十塊，你就可以和朝思暮想的爺爺說話了！」

米提．皮茲實在無法拒絕老婆這番勸說。到了女巫佛烈達下一次的通靈時間，米提坐在彩色燈光下，坐在綠桌邊，牽著左右的人的手。每個人都在喃喃低語著：「嗡、嗡、咚卡、咚。」

女巫佛烈達的眼神失了焦，用手裡的水晶球與靈界連結。「靈界使者……瓦西區，」女巫說：「請進。你身旁的是誰？是猶太人皮茲先生嗎？米提．皮茲的爺爺？」

米提噓了一口氣，說：「爺爺？」

「啊，是小米提？」一個顫抖的聲音說。

「是！是我！」米提大叫出來：「是爺爺的小米提！你在那裡都好嗎？」

「小米提，我好得很。你奶奶也在，我們一同說笑，一同歌唱，還能仰望上帝發著光的面容。」

米提又接著問了爺爺好多問題，爺爺也逐一回答，直到後來爺爺說了：

「小米提，我得走了，天使在叫我了，問我最後一個問題吧，儘管問。」

「爺爺，」米提嘆了口氣說：「你幾時學會說英語的？」

不曉得詹姆斯對此會做何評論？

心靈暗室

在二十一世紀，新時代運動把這種通靈活動進一步發展成一種流行的消費服務，稱之為「心靈暗室」（psychomanteum）。心靈暗室是一間燈光昏暗的房間，消費者付費後會被帶到房間內的大鏡子前，接著進入通靈狀態，與死者交談。心靈暗室最早見於古希臘，古希臘人會盯著能反射影像的池子，藉此召喚靈界。

有些當代心理學者堅稱，這種體驗只是因為在單色調又沒有空間感的環境中，視覺感官受到限制，進而產生幻覺罷了——也就是所謂的「甘茲菲爾德效應」（Ganzfeld Effect）。嗯，那你去跟通靈網站（psychomanteum.org）上的網友這樣說看看。網站上有名看過亡靈鏡像的網友寫道：

> 我向上帝禱告，如果布魯（我的貓）願意的話，我想看看牠，接著我就看到一團白色的能量漩渦，應該是布魯想要現身。我盯著這團能量，接著便睡著了，夢裡我變成了布魯，追著一隻兔子。

「什麼甘茲菲爾德效應，胡說八道！」

戴瑞，你看看要不要跟老婆分享一下這些故事。

「最好是！我開始跟你們倆廝混之後，她就寧可跟愛德納姨婆聊天也不想理我了。」

— PART 5 —

死亡，
作為一種生活風格的選擇

你是否曾經覺得很想一走了之，
不過捨不得走，不過又很想走？

——吉米・杜蘭特（Jimmy Durante）

「喔，總算有個能感同身受的男人了！」

搶在死亡之前先破哏 ✦

天啊，戴瑞，你在幹嘛？我們是跟你還沒多熟，但感覺你是個樂觀的人呀。沒事拿槍管往嘴裡塞是怎麼了？

「啊……窩喔……咿嗚……」

戴瑞，你在說啥？你嘴裡卡著大槍管說話，我們實在聽不懂。能不能先把那玩意兒拿出來，我們再好好聊聊？

「喧……嗯……咿啊……」

戴瑞，稍安勿躁。在你扣下扳機之前，是不是可以先回答我們幾個跟哲學有關的問題呢？保證不會花你太多時間——雖然說從某種角度來看，你馬上就要面對永遠的「無」了，現在有的是時間。我們也沒有要說服你不要自殺，絕對不會，我們百分之百尊重你的決定。我們只是想要蒐集生命存在之意義、自我毀滅之道德觀、你的壽險的例外條款之類的資料。

首先我們要恭喜你，因為你現在正在面臨二十世紀法國存在主義學者阿爾貝．卡繆（Albert Camus）所稱之「形上學的終極問題」。卡繆的《薛西弗斯的神話》（*The Myth of Sisyphus*）中開卷就寫道：「眞正嚴肅的哲學議題只有一個：那就是自殺。判斷生命值不值得活，就等於回答了哲學最基礎的問題。」[1]

卡繆的意思是，一旦一個人意識到自己除了苟活之外還有自殺的選項，卻仍選擇不要自殺（就是選擇了跟你相反的路，戴瑞），那麼這個人就是有意識地選擇了生命——他或她本人的生命。他跨出了第一步，準備接受「存在」賦予他的所有責任。他之所以「在」，是因為他選擇了「存在」。換句話說，他開啟了自我創造的終生任務。

你可能會想問，他為什麼會想要幹這種事？戴瑞，事實上，你緊扣著扳機的手指就給了你最好的解答——說到底，你覺得實在很難找到什麼好理由來繼續創造人生。但，以防你還沒考慮清楚，我們建議你利用現在這個時間，再好好思考一下。

卡繆其實沒有提出什麼正面積極的原因，來勸你不要自殺。他認為從各種日常的角度來看，生命根本沒有任何意義。《薛西弗斯的神話》中的主角日復一日往上推著大石頭，結局永遠是石頭會再滾下來，又要重來一次。他的人生真沒成就感，不是嗎？我們最愛的存在主義咖啡館廁所牆上有一句塗鴉：「生命是個大笑話，自殺就是笑哏。」你應該覺得卡繆會認同這個說法吧，但，不，卡繆反對自殺。

卡繆於文末寫道：「我們應該要想，薛西弗斯是開心的。」為什麼開心？大概是像卡繆《異鄉人》中的反派一樣，他在被處決之前「把心向著宇宙和藹的漠不關心打開了」。也就是說，人生很荒謬，所以死亡也很荒謬、很幽默，不是嗎？反正一切就是個宇宙的大笑話，那管他去死，狂歡就是了！

存在主義的國歌

爵士女伶佩姬．李（Peggy Lee）在她一九六九年的名曲《就只有這樣嗎？》（*Is That All There is*）中，道出了熱愛狂歡的荒誕主義者的心聲。

我十二歲的時候，父親帶我去看世上最精彩的馬戲團表演，
有小丑、大象、跳舞的熊，
還有一位穿著粉紅色緊身褲的美麗女子，從我們頭上飛過，
我坐著觀賞這浩大陣仗，
心裡覺得好像少了什麼，
我不知道究竟是少了什麼，但在曲終人散之後，
我問自己：「馬戲團就只有這樣了嗎？」
就這樣嗎？就只有這樣嗎？
如果就是這樣了，就讓我們繼續跳舞吧，朋友，
開酒吧，狂歡吧，

如果就只有這樣了，
我知道你大概心想，
既然她有這種感覺，何不一了百了？
不、不，我才不會呢，我還不急著走到那一步，
正如我明白此刻我還在這裡跟你說著話，
我也很明白，當死亡來敲門，我嚥下最後一口氣時，會對自己說：
就這樣嗎？就只有這樣嗎？
如果就是這樣了，就讓我們繼續跳舞吧，朋友，
開酒吧，狂歡吧，
如果就只有這樣了。

這首存在主義國歌由家喻戶曉的《獵狗》（*Hound Dog*）作曲者傑瑞·雷伯（Jerry Leiber）和邁克·斯托勒（Mike Stoller）所譜。更令人驚訝的是，斯托勒說這首歌的靈感來源是湯瑪斯·曼（Thomas Mann）的故事《幻滅》（*Disillusionment*）。

卡繆論自殺 ✦

戴瑞，如果你不喜歡這種狂歡的人生觀，那不妨參考一下卡繆論自殺時較嚴肅的說法：了結自己的生命是道德勇氣上的失敗，是不願意在荒謬人生中負起責任。

這樣有點共鳴了嗎，戴瑞？

「啊……窩喔……咿嗚……」

你要繼續回去做自殺的白工了嗎，戴瑞？喔，你說你最近在讀歌德的書，所以覺得自殺有種美感，有種靈魂折磨的魅力？天知道，歌德的《少年維特的煩惱》問世之後，全歐洲瀰漫著一股浪漫自殺的氛圍，這就是十八世紀晚期的浪漫主義。

「內個……咿嗚……」

戴瑞，還好嗎？可以好好說話嗎？你現在比雅典演說家狄摩西尼（Demosthenes）還難懂啊。

喔，我想你是要說我們沒有同理心，沒有考慮到你的個人處境，你經歷了各種風風雨雨，才會想要把槍管塞到嘴裡終結自我的存在？那我們很抱歉。不過講認真的，你是患了絕症，所以身體不舒服、心裡不舒坦嗎？是因為這樣所以你才想自殺嗎？

如果是這樣，那麼在哲學世界中，你其實並不孤單，這樣也許你會好過一些。古老的斯多葛主義認為生命的目的是要「欣欣向榮」或「與自然和諧」。所以如果你已不再欣欣向榮，那麼了結自己的生命也沒有關係。西塞羅（Cicero）說道：「當一個人的環境充滿著與自然一致的元素，活著是恰當的；當一個人充滿或有可能充滿各種牴觸自然的元素，離世便妥。」[2]

你知道死亡醫生傑克．凱沃基安（Jack Kevorkian）是斯多葛主義者嗎？死亡醫生點出了一個更為複雜的問題，就是幫助他人自殺是否合宜？姑且不論其合法性，若從道德層面來看，輔助自殺是愛的終極表現，還是，其實是接近謀殺的危險行為？或是你和「境遇倫理學者」一樣想說：「這不應該要視情況而定嗎？」

奉行斯多葛主義的塞內卡（Seneca）也提到「生命品質」的概念，這個詞在現代常被死亡權擁護者拿來使用。塞內卡寫道：「有智慧的人想活多久就活多久，而非能活多久就活多久……『有智之人』總是在反思自己生命的質，而非生命的量。一旦他的生命中出現了許多麻煩的事、擾亂寧靜心思的事，他就會讓自己自由。」[3]

當代哲學家比爾．馬赫（Bill Maher）的說法更為簡潔，也多了一抹神學色彩：「我認為死亡醫生頗有見地，他很不錯。自殺就是人類對上帝說：『不是祢開除我，是我不幹了』。」

自殺特殊案例：你為何而死？

我唯一的遺憾就是只有一條命可以犧牲報國。

——內森．海爾（Nathan Hale）

這款瓊佛瑞斯亮粉晶鑽指甲油組，你不要命了也該擁有。

——購物頻道

「羅斯太太，在嘗試自殺之前，
我想妳其實可以先試試阿斯匹靈。」

你願意為何而死？✦

你願意為何而死？

沒錯，戴瑞，我們就是在問你。我們想要知道你過人的卓見。為了讓你有對照比較的基準，以下也提供你一些其他人的想法：

一項調查結果顯示[4]，有六十八%的受試者在多選題問卷中表示，他們願意為了「自己的孩子」犧牲生命，第二名的答案有兩項，分別為「自己的丈夫／妻子」以及「拯救世界」，都占全部受訪者的四十八%。其他的回答諸如「知識自由以及世上所有人學習之權益」（四十%）、「自由與民主」（三十六%），以及「新聞自由」（三十二%）。

戴瑞，你說啥？你說你無法想像有一天只能在「知識自由以及世上所有人學習之權益」以及「你的生命」之間擇其一？

這麼說好了，假設現在有一架送貨飛機，載著五萬套完整的《哈佛經典》（*Harvard Classics*）準備前往剛果，你和這些書一起在飛機上，而你發現機長竟然死了，就死在控制飛機的儀表板前……然後……嗯……然後……我們還是下次再討論這個好了，可以嗎？

這項調查總共只有二十五名受訪者，平均每位受訪者選了二‧七項自己願意為之犧牲生命的事物，所以我們也可以把這小群人標為「生命烈士」。不過還不只他們，歷史上還有很多偉大的男男女女，寧死也不願放棄自己的理想和信念。

大多數的軍人（炸彈自殺客和神風特攻隊除外）並不是選擇了為國殉道，而是選擇為國家賭上生命（也是精神可佩，雖然奉獻的程度低了點）。而根據柏拉圖〈申辯篇〉之記載，雅典政府當時告訴蘇格拉底，若他願意停止用他的哲學觀點「汙染」雅典的年輕人，就可以判他無罪，蘇格拉底卻抵死不從。還有聖女貞德呢？聖女貞德之死應該可以算是自願捐軀，因為要在十五世紀女扮男裝展開軍人生涯，她應該早就預見了結局。

有些哲學家對為事物、為理想或為他人捨命的議題多有著墨，但多數哲學家對此仍較不感興趣。伯特蘭・羅素曾說：「我絕不會爲了自己的信念而死，因爲我的信念有可能是錯的。」法國同志哲學家傅柯（Michel Foucault）說：「爲了對男孩的愛而死，多美？」然而伊比鳩魯（希臘哲學家Epicurus，不是在說那個食譜網站）的見解更深：他說有智慧的人有時會願意為朋友而死。此情懷出自此人之口，頗令人訝異，因為伊比鳩魯認為人類所有行為皆出自於想要加乘一己之樂的慾望。不過伊比鳩魯會有這種想法，也是因為他認為死亡沒什麼大不了。他寫道：「死亡之於我們不算什麼，因爲我們存在時，死亡尚未來到；死亡來臨時，我們早就不存在了。」所以不要擔心，快樂就好。

本日作業：寫下你願意為之犧牲生命的事物，不可超過一百字（瓊佛瑞斯亮粉晶鑽指甲油組庫存有限，請不要寫這個）。

「那……ㄖ……ㄈㄨ……」

戴瑞，你覺得如何？你說不是這樣？你非常健康？

喔，那我們懂了，你憂鬱、你諸事不順、你的股票虧錢、你兒子小戴瑞的女朋友是你妹妹、你老婆加入了自由性愛的奇怪組織、你想和亂了套的生活永別。我們能理解你的苦痛。

但自殺有些道德層面的問題，你可能沒有想到，在討論這些問題之前，先講一個小故事，這個故事裡有些重點，你從前可能也沒有注意到：

一個傻子懷疑他老婆偷吃。有天他打電話回家，老婆接電話時喘著氣。傻子故作鎮定，偷偷從工作的地點開車回家。到家之後，他躡手躡腳地走上二樓的臥房，猛地打開門，老婆和隔壁老王就這樣被抓姦在床。

傻子怒罵了一陣、大吼大叫又大哭。最後，他掏出一把槍指著自己的腦袋說：「我受夠了，我要去死。」

老婆和老王就只在一旁笑。

傻子於是說：「不要笑，接下來就輪到你們！」

剛講到哪了？喔，對，就跟我們剛剛說的一樣，選擇權在你——但前提是，你不介意歷史上一些偉大的思想家認為你在世上做的最後一件事嚴重違反道德。所以花點時間聽好了。

聖奧古斯丁（Saint Augustine）認為自殺違反了神的戒律——「不可殺人」。他認為在《聖經》中，愛自己是愛的最高原則，《聖經》寫道：要愛鄰舍如同自己。所以說不可殺人的戒律也包含不可自殺。聖奧古斯丁說斯多葛主義的欣欣向榮概念太狹隘了，他認為我們應該要謹守使徒保羅的話：耐心等待，盼來世那難以言喻之幸福。

聖多瑪斯．阿奎那（Saint Thomas Aquinas）的論點是，自殺違反了自然律、違反了愛自己的法則，他也補充了我們今日在探討自殺時仍會提到的兩個面向：首先，自殺對社群有害——我們猜首害應該是喪葬費用；再來是，「判定生死之權力在於神」。後者的概念，或是其他根據自然法則得來的類似想法，可在許多禁止自殺的州法中看到。

「戴夫，我們公司沒有明定強制退休年齡，
但在某些情況下，我們傾向建議員工不如去死。」

另一方面，啟蒙時代的英國哲學家大衛・休謨（David Hume）則從世俗的角度來討論「社群傷害」，他認為這個論點沒有說服力。休謨提到，很多人的人生有時會走到一個盡頭，屆時在社群中的價值會變得非常有限，甚至造成社群的負擔：

> 試想我已無力對社群有所貢獻、成了社群的負擔、我活著會使他人無法對社會有所貢獻，若是如此，我決定結束生命不但無罪，更值得推崇。[5]太陽城安養中心的老人都不太喜歡休謨，就是因為他提出了這種論點。

然而，和休謨持類似論調的當代德國哲學家康德（Immanuel Kant）認為自殺的問題（以及其他所有大小事）牽涉到人類的義務。康德指出，人類的理性意志是道德義務之源，既然如此，藉著自殺來摧毀理性意志，在道德層面上又怎麼能被接受呢？想當然耳，名為《道德形上學之基礎》（*Fundamental Principles of the Metaphysic of Morals*）一書有很多關於這類問題的討論。以下這則故事也許可以解釋這類的義務問題：

一名女子提早回到家，發現老公和她的閨蜜露西搞在一起。女子用不可置信的眼神看著露西大聲說：「我是不得已的，妳又何必呢？」

戴瑞？戴瑞？

「我嗚……呃……呼！終於把卡在臼齒上的巧克力屑給清出來了！」

你用槍管剔牙？

「我只是沒事出來遛狗，又怎麼會帶著牙籤？」

— PART 6 —

永生的煩惱

在這嶄新的時代，死亡是否已成往事？
這本書真的有存在的必要嗎？
更重要的是，如果沒必要，那我可以退貨嗎？

獲得永生的方式

戴瑞，你怎麼想我們是不知道，雖然看似困難重重，但我們自己是衷心希望死亡這件事可以成為過去式。伍迪．艾倫的想法也一樣，他曾經說過一句經典名言：「我才不要我的作品不朽，我要自己能夠免於一死，獲得永生。」

試想一個不需要轉世也不用背著翅膀在天堂飄來飄去的世界。你可以完全不用去思考死後會在天堂或是在地球的哪個地方生活。你可以繼續當一個人類，直到永遠，就在這裡，就在紐澤西貝永（Bayonne）。

在地球上永遠活下去有很多誘人之處，其中一項就是熟悉感，你早就知道了地球生活的一切，說實話，你所知道的一切也就只有地球生活，戴瑞。你可以保留造就你這個人的一切，例如你對大都會生活的情感，還有你認為全社區最好吃的披薩要到基多（Guido's Pizza）買。要靠其他離世的手段來通往永生，不但需要信仰的飛躍以及劇烈的改變，更別提還要大改地址、大換服飾了。

「你只是在玩假想遊戲吧？」

不是喔，戴瑞。

不久以前，藉著生物科技達到永生的想法，仍只能在奇幻童書或是科幻小說中看到，然而，近期細胞生物學和人工智慧領域中的各種發現，使得相關領域人才輩出——有自稱為「生技永生專家」的厲害科學家，也有認為細胞複製和幹細胞治療等基因上突破將在未來開啟各種可能性的學者，他們認為這些技術可以將非意外性的死因根除；另外還有「人體冷凍永生專家」……這些人投注資金冷凍今世的我們，靜待日後科技有所突破；也有「網路永生專家」，他們認為把人類的神經系統數位化是達到永生的關鍵。

這些人都認為不久的將來會有一天（而且可能性很高），他們和其他不同領域的永生專家會找出延續生命的辦法，讓你以和現在差不多的型態活到永遠。這將會顛覆人類的思考邏輯，哲學家更是要大感震撼了。

首先，這會引發一連串新的倫理問題，諸如：地球（遑論紐澤西了）有足夠的空間容納這些不死之軀嗎？無限的生命符合自然之律嗎？符合宗教標準嗎？好嗎？貴嗎？煩嗎？永遠的生命是否會改變長期的人際關係、長期的戀愛關係？既然我們有全宇宙的時間，是不是等個幾千年再結婚會比較好？最後一個問題又引發了另一個問題……

尚恩和碧姬已經穩定交往四十年了。有天他倆在凱里綠意盎然的山丘上散步時，尚恩轉頭對碧姬說：「嗯，我想我們是該結婚了。」碧姬回答：「我們都幾歲了，誰要我們啊？」

更深入了解現今知名大學中，科學家的細胞複製、冷凍科技、網路等領域的永生研究後，一些形上學和知識論層面的問題也隨之浮現。例如：如果我只是個解凍後的大腦，我還是我嗎？如果我的身體完全只由回春的幹細胞組成，我還是我嗎？如果我僅存在一塊小晶片裡，我還是我嗎？如果總共有四個我，那哪一個我才是真的我？在虛擬世界從事性行為要戴保險套嗎？

但在我們更深入探討不見死之生命以前，不如先花個幾分鐘想一想，永遠到底是多久？我們再次向伍迪．艾倫教授請益：「永遠很久，尤其是靠近尾聲的時候。」他想表達的是，當你以為你已經快走到永遠的終點時，又會有人來把終點線移走。

塞剛參加完母親的葬禮，回家整理時，在閣樓找到了一個舊箱子。他在箱子裡發現父親的二戰制服。塞穿上了父親的制服，有點緊。脫下制服之前，他把手放到制服的口袋裡，摸出了一張紙——西區第五十三街賀門修鞋店的收執聯，上面的日期是一九四二年一月十四日。塞感到不可置信。將近七十年前的收執聯！鞋子還沒領！

數週後，塞剛好在西區五十三街附近，便晃了一下想找這間修鞋店。沒想到修鞋店還在，塞完全不敢相信自己的眼睛。他走進店裡，向櫃檯的老先生說明了自己找到收執聯的事。老先生說他叫賀門，開鞋店已經開了七十年了。

賀門大喊了一聲：「把單子給我！」，然後走入店內深處。

塞真是太吃驚了。過了一會兒，賀門拖著腳步走出來，粗聲粗氣地說：

「找到你的鞋了，下週二才會修好。」

懸壺濟世

從醫學的角度來看，預防死亡本來就是醫生的主要工作，所以預防死亡就只是懸壺濟世的延伸。很少有醫生會要你坐下然後說：「動脈硬化的問題已經解決了，恭喜你，你的死因會是別的疾病。」

反倒是我們時常讀到醫療界一些偉大的目標——剷除心臟病、中風、癌症等絕症，當然還包含其他排隊等著登上絕症排行榜的疾病。所以醫生當然會感覺自己懂長生不死術，好似他們真的可以治癒你這輩子所有大小疾病一樣。

這輩子過最多次生日的人＝大贏家

長壽總是聽起來比短命有趣，主要是因為長壽代表有更多的生活時間，而生活是人類最喜歡的娛樂消遣。

但當嬰兒潮出生的這些雅痞族紛紛邁入六十歲大關時，「長壽」就多了一項附加價值：長壽變成了一種「成就」，就像是找到好工作，或是把小說版權賣給電影公司，或是追到安潔莉娜．裘莉等這種成就。邁可．金斯利（Michael Kinsley）在《紐約客》中發表的〈我的比你長〉（Mine is Longer Than Yours）一文中，道出自己被診斷出帕金森氏症時的體悟，他說長壽是嬰兒潮世代的最終競賽。金斯利寫道：

> 生命和命運給了我們很多禮物，諸如金錢、外貌、愛情、權力，但這些零零總總當中，我們常忽略了長壽。事實上，許多人常認爲長壽是某種「美德」，好似可以活到九十歲主要是因爲自己工作認眞、常常禱告，而不是因爲基因好或從未被卡車撞到。[1]

當然，長壽比賽有個內在的矛盾點：跑到終點線的最後一人，已經沒有同年齡層的競爭者可以對決了。諧星史蒂文．萊特（Steven Wright）以他的洞見，一針見血地描述了愛吃健康食品的嬰兒潮世代：「我替不喝酒又不嗑藥的人感到悲傷，因為有天他們總得躺在醫院病床上慢慢死去，自己還毫無頭緒。」

「布萊恩太太，好消息，
妳的病痛全都處理好了。」

無性生殖是永生的門票

從微生物演化的角度來看，永恆的生命其實就像是在宇宙大渾沌中散步一樣。人類的生殖細胞系（製造卵子和精子的細胞）即出於這團大渾沌，而我們現在身上仍帶著相同的細胞物質。

所以，至少微生物學家能說人類有某些部分是不朽的——也就是說，我們的生殖細胞系其實可以一直再生到永遠，當然這跟單一高等生物個體的長生不死還是有差距，但也算是往正確的方向邁出了一步。

從演化學的角度來說，顯然人類有問題的地方是生殖方式，就是男人／女人、精子／卵子的生殖方式。單細胞生物的生殖方式，是把身體裂成兩個完全一樣的生物構造。待細胞分裂之後，就會出現兩個單細胞小寶寶。原始的細胞不復存在，自然也不會老化，所以說單細胞生物在生物學上可以達到永生，也是合理的說法。

雖然無性生殖很不誘人，但可以不死好像也蠻值得的。不過話說回來，單細胞動物也不能學探戈舞、不能參加拼字比賽。說了這麼多，重點是我們一旦已經演化為兩性生殖動物，就回不去這種原始的單細胞永生了。

女人啊——

很難跟她們走到永遠，

但沒有她們，

也很難永遠不和她們走到一起。

永生療程說明會 ✦

目前市面上有各式各樣的「永生療程」，有些已有完整的理論架構，也有些已經做出了前景看好的相關研究。

舉幹細胞療法為例，這是一種再生醫療技術，用原始未分化的細胞（幹細胞）所生成的身體組織，來取代身體內受損或壞死的組織。人體內多數細胞都有其特定功能——像是皮膚細胞或大腦細胞——細胞一旦被分派了特定角色（分化）就無法執行其他工作了；但是因為幹細胞是尚未分化的細胞，只要經過「正確編碼」，就可以變成人體內任何一種功能細胞。

幹細胞療法已經成功運用於患有血液疾病的病人——在他們體內植入造血細胞，目前也有各種不同的幹細胞取代療程正在試驗中，例如脊髓或部分大腦之取代療程。另外還有一種準備要被植入體內的是「分化全能」的細胞，這個細胞進入人體後便會適時、視需要重建受損或壞死的身體組織。

要了解如何藉著幹細胞達到永生不死，可以試想有台一九五六年的雪佛蘭Bel Air，隨著時間，車內很多零件都已經汰舊換新了，所以這台車現在就跟新的沒兩樣，只是出廠時的原廠零件都已經不在了。現在想像你自己就是這台雪佛蘭。

感覺如何？戴瑞？覺得自己還是自己嗎？還是你根本不在乎？

當然人體本來就會定期自行製造細胞，但新細胞的製造並非永無止盡，有天終將隨著死亡終結。植入的全能幹細胞可就不一樣了，它會不停運作，並會一直工作到永遠。

接下來，要討論端粒酶（telomerase）療法，這種長生手法是校正人類去氧核醣核酸（DNA）中內建的死亡機制。科學家將端粒酶比作鞋帶前端的塑膠頭，因為端粒酶會保護染色體末端，避免染色體降解或結合；染色體降解或結合會搞亂生物的基因資訊，造成癌症甚至死亡。但此功能也有一個壞處：細胞每一次分裂，端粒酶都會變短一些，端粒酶過短的時候，細胞就壞死了。端粒酶是人體染色體內的定時炸彈。美國基榮生技公司

（Geron Corporation）中的大頭們，已經開始研究如何加長人體內的端粒。

一九九七年，基榮生技公司發現了帶有端粒酶蛋白質的基因，端粒酶蛋白質會在染色體末端「反轉老化的時鐘」。今天，基榮的實驗僅在培養皿上有所成果，而在培養皿中實在無法發展出什麼精彩豐富的人生。這間公司的人心想，未來端粒酶療法應該可以完全停止老化，但是多數科學家認為反轉老化仍是不可能的。如果你跟麥肯一樣已經七十五歲了，就得好好記住這點：

麥肯散步的時候發現水溝裡有隻青蛙，青蛙忽然開口對他說話，麥肯嚇了一跳，青蛙說：「老先生，你若吻我，我就會變成一位美麗的公主，永遠陪在你身邊，我們每天晚上都可以翻雲覆雨。」

麥肯彎下身子撿起青蛙，把青蛙放在口袋裡，繼續散步。

青蛙說：「哈囉，你可能沒聽見我剛剛說的，我說若你親我的話，我會變成一位美麗的公主，我們每天晚上都可以翻雲覆雨。」

麥肯說：「我有聽見，但到了這把年紀，我寧可養隻會說話的青蛙。」

還有另外一種生物科技可以幫助人類無限延續生命——就是超先進的奈米機器人。奈米機器人的大小，從〇．一微米至十微米不等，和人體組織組成分子的大小一樣。奈米機器人的用法和幹細胞相同，可以被植入人體中，永久留在體內，在小分子間遊走，尋找、修復異常。最厲害的永生醫生就在你的身體裡。相關領域的科學家相信在未來的二十至三十年間，就可以讓奈米機器人在人體內開始工作。如果你可能沒辦法活到那時候，不用擔心，因為冷凍療法就快要問世了。

低溫冷凍技術早在冷凍食品之父克拉倫斯．伯德西（Clarence Birdseye）的年代，就存在了。伯德西原本在加拿大紐芬蘭自治區的拉布拉多（Labrador）販售皮草，他發現當地的愛斯基摩人習慣把魚肉和馴鹿肉冷凍起來待日後食用，便由此概念發展出了價值連城的冷凍食品產業。

「好吃。」伯德西吞下解凍後的海豚這樣說。

「哈里斯，我沒有要開除你，
只是先把你送進人體冷凍艙，等景氣好點再說。」

是啦，人體冷凍技術不是伯德西發明的，但他發現的冷凍保存技術，仍可在世界各地的實驗室冰庫中看到。人體冷凍是把細胞或整個組織降溫至零下的過程，在極低溫的環境中，所有的生物活動，包含一切可能會導致細胞死亡的反應都會被抑制住。

這年頭把精子、卵子或胚胎冷凍起來，待日後使用是常見的事。那麼何不乾脆把人體整個冷凍起來供日後使用呢？也許在未來，某個曾經有生命威脅的疾病就有解藥了。要冷凍完整的人體會遇到一些實際的麻煩，若要在未來解凍讓人體復活，冷凍的最佳時機是……人還活著的時候。如果到了你的最佳冷凍時間點，而你正在處理一筆金額龐大的金融交易或是正和情人打得火熱，那也太兩難了。因此截至目前為止，決定要進行全身或部分冷凍（例如大腦）的人都選擇了風險較高的做法，就是盡可能在死後立刻進行冷凍（但我們覺得這是缺乏信心而做出的決定啦）。

人體冷凍的另一個問題也和信心有關，你必須要相信未來會有人（極可能是你素昧平生的人）會覺得你值得他花錢、花時間替你解凍、治療你當初的疾病。他要怎樣才會有動力做這件事？也許可能可以請律師想辦法擬一份合約，這樣未來就會有人不得不打開冷凍庫大門替你解凍，但事實也說不準。你也知道，未經冷凍保存的人是會變的。

一名男子花大錢買了一隻詞彙量相當豐富的鸚鵡。回家的路上，這隻鸚鵡整路都在讀莎士比亞和狄蘭・湯瑪斯（Dylan Thomas）的金句，但一進家門鸚鵡就開始大罵髒話。

「你這個#@*！這種@%#的屋子也可以住人？」鸚鵡滔滔不絕地罵個沒完，男子若要牠住嘴，牠就會罵得更凶。

男子說：「好了，你到冰箱裡冷靜一下，等到你可以好好說話再放你出來。」

於是他便抓起鸚鵡，把牠塞到冷凍庫裡。鸚鵡又狂罵了幾分鐘之後忽然安靜了下來，男子便打開冰箱門。鸚鵡跳到了男子的肩上。

「主人，對不起，原諒我。」鸚鵡咕嚕嚕地說著。「對了，那隻雞幹了啥好事？」

如果沒人會死，死神會失業嗎？

在地球上永遠活著會帶來許多問題，其中包含環境倫理的道德考量，環境倫理是應用倫理學近年來延伸出的分支，而其中最急迫的問題就是：這些長生不老之人要住在哪裡？

我們現在所處的世界人口持續成長，資源已經相當吃緊了，如果穩定人口的最大推手——死神——放下鐮刀，退隱了該怎麼辦？最直覺的解決方法就是處理人口的源頭——降低、或是終結新生命，以便釋放空間給老屁股。

號稱史上最偉大的政治諷刺文學家強納森・史威夫特（Jonathan Swift），在一七二九年於其名作《一個小小的建議：如何防止愛爾蘭窮人家的小孩成為父母或國家的負擔，並讓兒童對社會有所貢獻》（*A Modest Proposal: For Preventing the Children of Poor People in Ireland from Being a Burden to Their Parents or Country, and for Making Them Beneficial to the Publick*）文中特別針對人口過剩

的議題一抒己見。史威夫特用個人風格強烈的文筆，建議愛爾蘭把窮苦人家的孩子賣給上流社會當食物，藉此逆轉經濟危機。也不失是個方法啦。

猶太教改革派在贖罪日聚會中，也以中肯的祈禱文，悲慟地抨擊「不生以達永生」這種概念：

若神差使者來報信說可以終結死亡，但代價是不再有新生；如果現在活著的世代想要得到長生不死的機會，就要明白將來不會再有兒童、年輕人、初戀，不會再有新人類、新希望、新想法、新成就，就只有我們自己，不會再有別人——這樣，你還願意永遠活著嗎？

當然，就算生物科技真的可以讓人類長生不死，也不太可能讓人人都擁有永生的機會。現今世界中，多數人連基本的醫療服務都無法負擔，所以實在很難相信往後可以在任何有需求的人體內植入專門搜索、治療的奈米機器人。

比較可能的情況是，只有類似股神巴菲特、比爾·蓋茲、老虎伍茲等負擔得起昂貴興趣的人，才有機會使用奈米機器人或端粒酶療法來達到長生不死。

如果你覺得這聽起來不太公平，那是因為這本來就很不公平。「適者生存」的概念往後將會有全新的定義——「適者得永生」。

如果獲得永生了，該如何調整你的心態？

現象學和心理學之間的界線一直相當模糊，而這之中也存在著一些問題。生物學上的永生會如何改變生而為人之經驗？這些隨之而來的改變真的值得嗎？

舉例來說，奈米機器人正在你體內忙著修復退化的各個部分，這樣一來疾病或正常耗損就不致置你於死地。不過這些小蜜蜂機器人並非全能，假設你今天被高樓掉下來的大鋼琴壓個正著，或是剛好搭上《末路狂花》（Thelma and Louise）兩位女主角開往大峽谷的便車，奈米機器人也救不了你。也就是說，現在只有碰到這類悲劇的時候你才會死。所以你該如何調整心態呢？人生的問題已經不是早死晚死了，而是你究竟會不會死。這下風險反而變得更大了。

在這種新的人生設定中，我們應該會想要過一個完全免於危險的人生吧，例如，隱居在地底下的防彈小箱子裡？

「孩子，
不怕一萬，只怕萬一。」

已經受夠了

存在主義中有一個法文字「ennui」，意指百無聊賴的人生（通常伴隨著無奈的聳肩和嘆息）。人若長生不死，「ennui」就會達到一種全新的境界，舉個例子，就像是永遠待在聖日耳曼德佩區那間了無新意的老咖啡店。伯納德・威廉士爵士在《馬克羅普洛斯事件：反思長生不死之無趣》（*The Makropulos Case: Reflections on the Tedium of Immortality*）一文中論到，唯有死亡可以讓生命保持新鮮有趣。

威廉士爵士文中所提到的《馬克羅普洛斯事件》是捷克作家卡雷爾・恰佩克（Karel Čapek）的劇本（後為作曲家楊納傑克〔Leoš Janáček〕編為音樂劇），劇中女主角靠著煉金術士調製出的青春之泉，活了非常久（三百四十二歲了還繼續活著）。但到了劇末，女主角決定不再延續生命，她不想再苟活好幾個世紀，因為她發現永恆的生命只會帶來無盡的冷感。威廉斯爵士寫道：「她無限的生命已走到了一種百般無聊的境界、冷淡又無情。沒有事情能提起她的興趣。」

怎麼會呢？威廉斯爵士相信，當一個人活到了一定的年紀（確切年紀因人而異），她就會開始缺乏新的體驗——人到老時，該去的地方都去過了，該做的事也都做過了。其實就是身上披著的臭皮囊讓她乏了。威廉斯爵士說，好的生命就是在開始感到重複和無趣之前就結束的生命。

當然還是有人認為，享受無止盡的重複是一種後天習得的品味，諧星依莫．菲利普斯就是其中之一：「朋友送我一張菲利浦．葛拉斯（Philip Glass）的黑膠唱片，我聽了五小時才發現唱片上有刮痕。」

十九世紀的德國哲學家尼采（Friedrich Nietzsche）把無聊的議題提升至「永恆回歸」（Eternal Recurrence）的新境界。尼采認為，枯燥無味的永生最佳體現就是反覆輪迴的歷史，直到永遠。對伍迪．艾倫等人來說，這種願景實在令人想要吸一口無限的大氣。伍迪．艾倫教授說：「尼采認爲我們現在所過的生活之後還會以一樣的方式重複出現，也就是說我還得再忍受看一次《白雪溜冰團》。」

尼采接著說，再好好思考一下，不要讓永恆回歸打敗你——要凌駕其上！尼采超人的超能力在於他可以在無聊的環境中，把自己的意志化為力量。超人可以這樣很好啊！但露薏絲・蓮恩（Lois Lane）或吉米・奧爾森（Jimmy Olsen）這類市井小民怎麼辦？更別提你我了，是吧，戴瑞。對我們而言，永恆回歸感覺比較像是《今天暫時停止》（*Groundhog Day*），這部電影裡的經典對話，讓許多觀眾禁不住脊背發涼：

比爾・莫瑞飾演的角色說：「如果每天都一成不變，不管做什麼都沒有差別，你會怎麼辦？」

他在酒吧認識的新朋友說：「我的人生差不多就是這樣啊。」

如何挑選人生中最寶貴的回憶？

一九九八年的日本片《下一站，天國》（ワンダフルライフ）用意外發人深思的新鮮手法來詮釋尼采的永恆回歸：剛過世的人搖搖晃晃地走進一間單調的辦公室，辦公室內的社工告訴這些人，他們有三天的時間可以選擇自己在世最寶貴的回憶。

選好之後，這段回憶就會成為天堂新鮮人在天國的唯一經歷，直到永遠。真是個一「念」即永遠的大決定啊！

《下一站，天國》的設定感覺是走好萊塢的「商業大片」路線，但是不得不說，導演是枝裕和的呈現手法，讓這部片成了一部探索人生意義的電影。我應該要選擇最能代表我的一生的片段嗎？還是最戲劇化的片段呢？或是最刺激的？（片中許多老人一開始都先選了在世最火辣的一次性經驗，但仔細思考過後，還是認為永恆的性高潮好像少了點什麼）。

輪到一位年輕女生的時候，她說她想回到去迪士尼樂園玩的那一天，後來社工溫馨提醒她，今年已經有另外三十人做了相同選擇，她才重新考慮；一位痛苦的中年男子，選擇了放暑假前一天坐在電車上享受微風拂過的感覺；一位老太太則選擇了穿著紅色洋裝，跳舞給哥哥的朋友看的回憶。

這些人的最終選擇看似瑣碎，但他們在做決定前仔細考慮的過程，非常動人心弦。

超快車道上的人生，比較快樂？

「ennui」雖然枯燥乏味，但人類仍不願拋棄能擁有無限經歷的可能性，儘管這些經歷會一再重複，但無限的經歷總比永遠停止所有經歷好。

對於這種想要取得更多經歷的永恆欲望，我們可以來了解一下當代維也納籍澳洲學者曼非德．克林斯（Manfred Clynes）提出的極端解決方案。克林斯以融合各種不同人生經歷聞名，他同時身為神經生理學家、發明家和鋼琴演奏家。就讓克林斯來想辦法不靠「延長實際時間」以無限延展生命吧。

克林斯認為，延續生命不是藉著在生命的盡頭增加時間，而是藉著加速我們對時間的感知達成，這樣每一秒之中就會含有更多的「時刻」。克林斯說，電腦有預設的「系統時脈頻率」（tick rate），也就是系統處理訊息的速度，理論上來說，這個速率可以無限加速，這樣，有一天人類可能也可以藉著奈米科技或皮米科技（picotechnology）來擴展我們對時間的感知（一種加速的概念）。

因此，也許在未來，我們的思考時間就可以比原本快上一萬倍等。屆時會變成怎樣呢？一年會變成一萬年，要兩千五百年的時間才會季節更替。老化便會悄悄地消失[2]。

我們不禁好奇，這種超快車道上的人生會是什麼感覺。會不會其實就只是像某個人上了速讀課之後說：「我花二十五分鐘就讀完了整本《白鯨記》，這本書在講一條白鯨。」還是我們對這本書的感受也會加速呢，克林斯博士？是的話，這又是什麼意思呢？

喔！戴瑞，這位是你太太？福勤太太您好，您要提問是嗎？

「加速後的時間意識對前戲有影響嗎？」

嗯……這個問題妳應該和戴瑞私下討論就可以了。

於此同時，我們再回來看看克林斯的緊湊人生。「意義」在他的人生中扮演著什麼角色？在大衛．艾伍士（David Ives）十分鐘的劇作《時光飛逝》

（*Time Flies*）中，蜉蝣霍瑞斯和梅一見鍾情、無法自拔（劇中對白：「我今早出生」，「我也是」）。他倆第一次約會時，一起觀賞了一個大自然電視節目，從節目中發現自己的一生只有一天：也就是說他們的一生已經過了一半了！在一陣困惑、焦慮之後，他倆決定把握當下，飛到巴黎享受大好時光，也能算是個快樂的結局吧。

儘管（或可說正因為）他們意識到死亡在即，霍瑞斯和梅在曇花一現的一生中，找到了生命的意義。如果可以加快步調，他們的生命會更加充實嗎？假使巴黎之外還塞入了倫敦行呢？或是倫敦、巴黎加里約呢？好吧，最後再加一個拉斯維加斯就好，而且席琳．狄翁的演唱會還有票喔。

另一面，設想一名佛教的和尚，他清醒時有九十％的時間都在打坐，清理千頭萬緒，專注在天人合一上。他的經歷真的是不怎麼豐富，但他的人生就很不怎麼樣嗎？

克林斯提出的觀點，正是現象學中一直以來在探討的問題——在世時間之相對性。一個人（或一隻烏龜）一分鐘的生活，也許是另一個人（或另一隻烏龜）一個月的生活，這樣的話，到底誰的人生比較精彩呢？

幾隻烏龜一起去野餐，牠們花了十天的時間才到了野餐地點，到了卻發現忘了帶開瓶器，所以打發最小的烏龜回去拿。小烏龜說：「不要，我一走你們就會把三明治吃光。」其他烏龜答應小烏龜不偷吃，小烏龜便離開了。十天過去了、二十天過去了、三十天過去了。最後，烏龜們都餓了，便決定把三明治吃掉。牠們才咬下第一口，小烏龜就從石頭後方跳出來說：「看吧！所以我才不想去！」

複製自己的可能性

如果加速生活步調聽起來太過勞力密集，不妨考慮最性感（但是無性）的永生法，藉著生物科技取得不死之軀——複製人。複製自己的時候，記得要複製超年輕版本的自己，日後你慢慢老了，就再複製一次……然後再來一次、再來第四次……一直複製到永遠。

所有長生不老的生物科技研究中，不久的將來最有可能實現的就屬複製人，而且搞不好其實複製人根本早就存在了，只是科學家守口如瓶（因為違法）。複製人的技術稱為「體細胞核轉移」，而這種技術已經成功複製出複製羊桃莉（謠傳桃莉不斷對著自己碎念「每天都一成不變」，不過謠言始終沒有得到證實）。

複製人技術是這樣子的：先移除捐贈者提供的卵細胞的細胞質（細胞核和細胞壁之間的物質），接著將帶有待複製基因的另一個細胞，與原本的卵細胞結合。就這樣！復刻版即將生成！

我們之所以如此確定複製人絕對可行，是因為複製人在自然界中早就屢見不鮮——同卵雙胞胎。當一個受精卵裂成兩半，成了兩個帶有相同去氧核醣核酸的人，同卵雙胞胎就產生了。只有梅洛．海格（Merle Haggard）等少數人才會搞不清楚同異卵雙胞胎（異卵雙胞胎是兩個分別受精的卵子，同時間在同一個子宮內長大）的差別，有人曾經問他，他的雙胞胎姪子是否為同卵（identical，歧義：長得像），他回：「有一個有像，另一個看不出像誰。」

複製人冷笑話的數量，簡直和外星人性生活的笑話數量並駕齊驅。複製人的繁殖方式常被拿來和熱衷繁衍的鄉巴佬做比較，不過其中有則笑話是還滿有哏的：

科學界要擔心的事很多，複製人是其中之一，其他還有行為控制、基因工程、頭部移植、電腦詩作以及會失控亂長的塑膠花。[3]

複製人和你不同嗎？

複製人真的是原版人的完美複製嗎？問問自然界中的同卵雙胞胎吧。姊姊說她不認為自己和同基因的同卵妹妹相同，原因很簡單，因為她們兩個的經歷不同。姊姊在人格發展的歷程中，受到的影響和妹妹的不同，她們的記憶、看事情的立足點、人際關係、體悟出的道理也都不同。在發展心理學中，同卵雙胞胎是很好的實驗對象，可以用來探究「先天VS後天」的大難題。

試想一對心理學者夫妻生了雙胞胎，一個名為「約翰」，另一個名為「控制組」。同卵雙胞胎到底可以像到什麼地步？其實也沒那麼像。至少是絕對沒有像到在關鍵時刻時旁人無法分辨誰是誰：

瑞奇娶了同卵雙胞胎姊妹中的其中一人。結婚才不到一年，他就上法庭要訴請離婚。

「好，」法官說：「先請你說明想要申請離婚的原因。」

「法官大人您好，」瑞奇開始侃侃而談：「我小姨常來家裡坐，但她長得和我老婆實在太像了，我有時上床時會弄錯人。」

「她們兩個一定還是有哪裡不一樣。」法官說。

瑞奇說：「法官大人，您真是明察秋毫，這就是我要離婚的原因。」

但在相關討論之中，我們比較感興趣的是同卵雙胞胎經歷上的差異：

波士頓一間酒吧中，兩名男子坐在一起。坐了一陣子之後，一號男子對二號男子說：「我聽你說話的口音，感覺你是愛爾蘭人。」

男子二號驕傲地回應：「是，我是！」

一號說：「我也是！那你是愛爾蘭哪裡人？」

二號說：「都柏林，我是都柏林人。」

一號男子回：「天啊！我也是！你住都柏林哪條街上？」

二號男子說：「是個可愛的小社區，我住在中央舊城區的麥克利街上。」

一號說：「太神奇了，世界好小，我也是！那你以前讀哪間學校？」

二號男子說：「聖瑪莉。」

一號男子聽了興奮不已，說：「我也是！你哪年畢業的？」

二號男子回：「這樣啊，我是一九六四年畢業的。」

一號男子驚呼：「老天爺！真是太不可思議了！我們運氣竟然好到今晚可以坐在同一間酒吧內。你知道嗎，我也是一九六四年從聖瑪莉畢業的！」此時又一名男子走進了酒吧，男子坐下點了一杯啤酒。酒保走到新客人前面，搖搖頭，喃喃自語地說：「今晚有得煩了，墨菲雙胞胎又喝醉了。」

複製人也有「自我意識」？

所以如果說你為了達到身體不朽而決定複製一個自己，那要如何讓你的複製人擁有和你一模一樣的「自我」呢？你的複製人都自稱「我」，這樣你要怎麼把他變成「你」呢？

還不簡單，複製人永生專家說，只要把你的整套神經系統，包含記憶、感覺、你在《美國偶像》中支持的歌手，總之就是「你自己」的完整封包下載到複製人的神經設備中，儲存在複製人的硬體裡就好。這樣，你的複製人聽到你的名字就會有反應、聽到你最喜歡的笑話會笑、看《美國偶像》的時候，就會投給假音很強的某個瘦小子，還會激情地跟你老婆翻雲覆雨。

於是乎，現在你旁邊站著你的完美複製，你的整套神經系統也都已經灌入到他的神經系統裡了。問他在雪橇上做愛的感覺，他會鉅細靡遺地說出你會說的答案；在他耳垂後面某個特定的點搔搔癢，他會發出你被搔到該處時的相同笑聲；問問他是否相信神，他會跟你一樣用避重就輕地方式回答；你還可以問他他是誰，他會說：「呃，我是戴瑞・福勤啊！你才是哪位？」

這麼說吧，你的複製人跟你真是像到不行了——反射動作、看法、知識、記憶全都一樣。甚至可以說他大腦內的軟體也跟你的完全相同，也都記得你經歷過的所有事件。既然如此，為什麼你還是覺得複製版的你跟原版的你，不是同一人呢？

這和我們稱之為「自我」的東西有關——我們認為「自我」是一種不同於「心智」，甚至和「靈魂」有所區別的現象。不論我們追求的是何種形式的永生，到頭來我們希望保留下來的，其實就是這個「自我」。自我是我們想要達到永生的部分。

那麼這個「自我」到底是什麼東西？回到十七世紀，當時法國哲學家笛卡兒（René Descartes）在對一切事物提出懷疑的時候，不巧回答了這個問題。笛卡兒在《沉思錄》（*Meditations on First Philosophy*）中甚至幻想有一個惡魔把捏造的「真實」強行植入人類腦中，人類卻不察有異。笛卡兒善於提出懷疑，而懷疑到最後，他發現一個事實，就是他無法懷疑自己的懷疑。笛卡兒於是嘆出了經典名句：「我思故我在」，意思就是說：「我懷疑，所以我沒辦法懷疑自己（身為懷疑者）的存在」。

再把時間快轉，十九世紀晚期至二十世紀早期的德國哲學家胡塞爾（Edmund Husserl）認為，笛卡兒在瞭解人類的經驗上開啟了新的面向，笛卡兒的看法是一個人必須先體驗到「我自己」，這樣這個「我」的其他體驗才會成為「我的」。胡塞爾於是開始審視這種「自我體驗」，看看是否能理出個頭緒。

胡塞爾的其中一項發現是，光是像隔夜披薩一樣坐以待斃是沒有辦法體會自我的。要體會自我，就要串起自身經驗，賦予其關聯性和意義。我的自我就是一個「透視點」，由此透視點，我的經驗可以被組織起來。

舉例來說，時間就可以是一種經驗，有可能是「活在當下」的經驗。時間經驗並非只是一條充滿隨機事件的直線，也不是一個在時間軸上狂奔的「現在時間點」。我們的「現在」是由過去的回憶，以及對未來的期望交織而成。在時間裡，我們對自己的體悟都是連續的。

把我傳送過去吧！愛因斯坦博士

瞬間移動是現今最熱門的物理實驗，科學也已證實瞬間把物質或基本粒子從甲處傳到乙處是可能的，這些物質無需穿越空間就可以移位了。但截至目前為止，瞬間移動的實際成功案例僅見於光子和原子。光子、原子之瞬間移動就像是「剪下、貼上」：剪下這端的光子，然後到別處貼上。

戴瑞，你說什麼？喔，你是說你在電腦上剪下的文字和你按下「貼上」時的文字，雖然長得一模一樣，但並不是原本的文字？它們只是長得一樣？

你說的不無道理，但想想看，你在電腦上剪下的「文字」跟貼上的「文字」，終究都不是真的。它們充其量就是電腦系統中 0 與 1（開關的概念）的轉譯而已。所以你說這些貼上的 0 與 1 和剪下的 0 與 1 不同的意思是……？0 和 1 根本就不存在於空間中呀！如果你看過實體的 0 或 1，你就得道了。很玄吧？不管怎樣，現在你已經在探討「非實體」的瞬間移動了。

非實體的瞬間移動是在把物件編碼成資訊後，從一個地點傳送到另一個地點，然後以該資訊為藍圖，在終端重製出一個一模一樣的物件。你說的「剪下、貼上」大抵就是這麼回事。非實體瞬間移動需要藉著「糾纏」的原子來達成，這些原子的實際距離很遠，但是在本質上互相牽連，一個原子的屬性會影響另一個原子。有個物理學家是這麼形容的：「你搔一個原子的癢，另一個原子會笑。」

愛因斯坦將這種現象形容為「遠端的鬼魂現象」，嗯，很好懂。謝啦，愛因斯坦。

可想而知，物理學界已經有很多人在討論如何讓人類瞬間移動，而最有可能達成目標的辦法，就是非實體瞬間移動。換句話說，遠端複製人。對了，忘了剛剛有沒有提到，遠端複製的時候，原本的物件（例如你本人，紐澤西貝永的戴瑞．福勤）會在過程中完全消失。不過不要擔心，複製在火星古謝夫坑（Gusev Crater）的戴瑞．福勤過得很好。

於是又回到了胡塞爾的論點。胡賽爾和一些其他現象學者認為，一個人在經歷周遭環境的時候，並非像看電影一樣僅在腦海裡留下印象，現象學者說這漏掉了一個很關鍵的步驟。我所有的經歷中有個不可分割的內在元素，就是這些環境經歷「屬於」我的「現象自我」（phenomenological self，現象學者提出的名詞，其實就是一般人稱的「我」）。我會持續經歷這個「我」，而這個「我」就是我所有其他經歷的中心點，我所有的感知、想法、意義和意圖都於此交會。

胡塞爾與釋迦牟尼佛

很有意思的是，胡塞爾的看法和釋迦牟尼佛在公元前六世紀，提出的五蘊概念相互呼應，釋迦牟尼佛認為人建構自我經歷是藉著自「五蘊」中做選擇。五蘊分別是色蘊（身體）、受蘊（感覺）、想蘊（思想）、行蘊（習慣）和識蘊（知覺）。五蘊交織出自我，藉著自我，人類便可以和其他事物（世界）互動。這也難怪胡塞爾認為兩相皆是幻影。

好了，回來聊聊戴瑞・福勤吧，複製的那一位。複製版戴瑞擁有「現象自我」嗎？他（它）擁有持續的意識嗎？如果我們僅與經歷融合為一，卻缺乏居中的組織能力，那身體裡究竟住著什麼？那個留下來的人到底是誰？如果在複製人身上安裝我們的人格，也可以保留我們用來「體會」永生的自我意識嗎？（如果我們無法體會自己的「不死」，又何必大費周章搞這些？）

但，戴瑞，搞不好現象自我也可以安裝到複製人身上。這個下載來的「自我」會是你嗎？你會覺得那是你嗎？更重要的是，你的複製人會覺得他是戴瑞嗎？如果會的話，他會覺得你是誰？

至於我們，我們已經交代過自己的複製人，要他們在下載完成之後記得告訴你這個問題的答案。不過話說回來，你能信任宣稱自己就是我倆的複製人嗎？

將「自我」植入電腦晶片後……

把神經網絡下載科技運用到極致，就可以達到「數位永生」。數位永生的支持者，很快就點出人類的身體是由脆弱的物質所構成，很容易耗損，如果碰到天外飛來的鋼琴更不用說了。既然如此，何不把完整的「自我」植入電腦晶片中，讓自我不但可以「活著」，還可以有無止盡的新（數位）體驗？這種做法也賦予了「同根生」新的意義。

如果你覺得僅以「心智」的模式活著，聽起來很像某種哲學支派，那大概是因為十八世紀著名的英國經驗主義學者貝克萊主教（George Berkeley），在電腦晶片尚未問世的年代就已經提出了類似的概念，他的經典名言是「存在就是被感知」（Esse est percipi）。

貝克萊主教的意思是說，實體的「東西」根本不存在，存在的只有我們稱之為「東西」的感知。這乍聽起來很像是唯我論的世界觀，因為我們唯一能百分之百確定的事情只有我們腦子裡的事情。當然這也延伸出了一個問題，如果我們的感知來源並非「物件」，那會是什麼？主教針對這個問題提供了一個簡短有趣的答案：上帝從天上把這些感覺訊息傳輸給人類。聽起來像是個宇宙大騙局！但用「設計用來接受、處理各種新訊息、活動訊息的人腦晶片的軟體工程師」一詞來取代「上帝」，主教的理論就得以在今世延續下去。

數位永生學者麥可・崔德（Michael Treder）建議我們「複製一個數位大腦檔案，然後把這些訊息安裝到機器人裡面。這種方法的優點是可以備份我們的人格特質，這樣就不用擔心未來某天某個大災難摧毀了我們的機器人身體。這可以使我們有效地通往永生，我們可以在太陽系、銀河系中，甚至是更遙遠的地方備份自己。」[4]

不是故意要掃興，但在進行安裝之前還有一個哲學問題有待解答。二十世紀的英國哲學家C・D・布洛德（C. D. Broad）指出，我們對一個物品的認知不等於這個物品所有物理屬性資訊的總和。我們對物品的認知還多了「感覺經驗」。就算完全了解啤酒的物理屬性以及啤酒和其他物品（包含味蕾）的反應，還是沒辦法知道啤酒嚐起來如何。我們無從得知品嚐啤酒的經驗是什麼。你家附近的酒保大概也會告訴你一樣的話，所以布洛德需要一個用來形容這種「感覺經驗」的拉丁文，讓他的學說聽起來氣派一點，於是他用「qualia」（感質）來代稱這種經驗。

假設我們設計出兩個機器人，讓它們從事性行為。來聽聽這兩個機器人對對方說了些什麼話：

達斯提：「莉莉，剛剛舒服嗎？」

莉莉：「當然，達斯提，就和之前每一次一樣，都很棒。」

達斯提：「嗯……妳很會灌迷湯，我知道妳出軌的事，我知道這個問題很蠢，但我想知道妳在跟我做的時候，是不是感覺有比較……就……比較好？」

莉莉：「當然比較好，親愛的。我們的感情無人能比。」

達斯提：「我的運算結果也是這樣！但我想知道妳的感覺，小美女。」

莉莉：「嗯，跟你在一起的時候，我的運算數據會飆高。」

達斯提：「嗯、嗯，我知道，我也是。但是妳的感受是？」

莉莉：「我會出現反常行為，達斯提。我會封鎖其他軟體。」

達斯提：「嗯、嗯，我知道，小可愛。但愛情這檔瘋狂事究竟是什麼呢？妳能說說嗎？能告訴我妳現在的感覺嗎？」

莉莉：「可以再重複一次你的問題嗎？系統沒有偵測到。」

達斯提：「真是夠了，莉莉！我覺得妳根本不愛我。」

莉莉：「我當然愛你呀，達斯提。你搖搖晃晃出現在我面前時，我全身的燈號都亮了起來。」

達斯提：「莉莉，那只是系統設定！經過設定，我對彈珠台也可以有反應呀！妳還不懂嗎？我想要的是妳的愛！唉，可惡，我等等再來找妳。我得跟幾個傢伙去跑喝啤酒的程式了。」

莉莉：「（嘆氣）我會在這等你，達斯提。我想我的設定就是這樣吧。」

「兩位，所以重點是？」

戴瑞，就是你可以設定達斯提和莉莉的系統，讓莉莉順利回答達斯提的問題。你甚至可以設定讓莉莉讀取自己的數據，根據數據來算出某事件在預設的標準中得了幾分，也可以要她比較機器人的床上工夫，然後如實回答。但如果達斯提問莉莉她的「感質」，莉莉會給制式化的答案嗎？

戴瑞，你說什麼？你老婆也常常給你制式化的答案？

這樣，如果要藉由「安裝人格特質」來「延續生命」，我們便會想要知道：感質也可以一併下載安裝嗎？這要怎麼處理？戴瑞，你喜歡怎樣我們不知道，但少了感質我倆哪都不去。沒有感質一切都不對了。

我們也不知道別人會想選擇哪一條路，但對我倆來說，無感質，毋寧死。

「什麼鬼感質！只要可以永遠活在貝永，我才不在乎是拼湊而成、冷凍起來，還是全身只剩一個電腦晶片。管他的，再怎樣都比死好！總之謝謝你們提供的資訊囉！掰啦！」

戴瑞，稍安勿躁！你沒聽仔細，也許這些永生生物科技聽起來的確充滿希望，但都還是在草擬階段。所以聽好了，其實最有可能的是，你會是必須面臨死亡的最後一個世代！

「我的媽呀！我覺得我要心臟病發了！」

— PART 7 —

劇終

不到上完片尾工作人員名單，電影都還不算結束呢！
呃，黑幕出現了。

人生的最終章 ✦

戴瑞！好久不見！你怎麼會在這裡？

「我怎麼會在這裡？我在這上班呀，這是我的殯儀館。」

原來你就是幹這行的，我們都不知道。

「你們又沒問。是說，你們怎麼會在這裡？」

我們是來看老友佛萊迪．莫里亞蒂的。

「喔，對，老佛。我正在準備他葬禮要用的笑哏。」

笑哏？

「是啊，這是新推出的服務。跟你們聊天後我想了很多。我這一生都在跟死人交手，但卻從未認真思考過死亡的感覺。」

但，笑哏？

「先坐吧。我要準備上台了。你們聽著。」

「各位先生、女士，午安。你們可能看到走廊另一端還有另一個葬禮，死者是發明『右手右腳舞』（Hokey-Pokey）的人。要讓他入棺有點難度。我們把他放入棺材裡的時候，先把他的左腳放了進去，然後就出事了。

很多人問我這間屋裡的傢俱是什麼風格。嗯，是路易十四的，除非我十三號前給把款項付清。

上週我們葬了一位乘船意外溺水喪生的男子。他租來的船在海上漂著，岸上的人一直對他大喊：『九十九號船，時間到了，九十九號船！請靠岸！』他們叫了好久都沒有回應，然後他們忽然想起，公司只有七十五艘船呀，怎麼會有九十九號？此時他們才發現六十六號船翻船了。

我同事現在在整理一位填字遊戲大師的遺體。他的家人希望他下葬的地方是在縱向六格，橫向三格之處。

話說到此，各位，容我認真一下。最近我讀了很多哲學家對生命、死亡、來生的意義的看法。這些哲學家對生死之事抱持各種不同的論調，但老實說，他們並不怎麼明白你我還有老佛這些普通人是怎麼看待生死的。

不過其中有一位哲學家的觀念非常突出，他是一百年前的美國哲學家威廉．詹姆斯。他提出的一些觀點簡直是一語道破生死。舉例來說，他說哲學家在選擇要相信何種生死觀的時候，和你我並沒有兩樣，人類在回答生死大哉問時靠的通常是直覺，詹姆斯說這是人類『對生命最赤裸、最深層的意義的愚蠢直覺』——他雖用愚蠢一詞，卻不帶貶義。不管你是大哲學家或像老佛和我一樣只是一般老百姓，在思考一切意義的時候通常都是仰賴直覺。詹姆斯說我們每個人都用自己的方法來『察覺、感受整體宇宙推壓的力量。』

另外有些哲學家，我就不提名字了，主要是因為他們的名字我幾乎不會念。這些人跟我們一樣是靠感覺來找到生死大哉問的解答，但他們卻試圖想要掩蓋這個事實。他們丟出各種厲害、客觀的論點來支持自己的想法，實際上他們得到這些答案，全是因為他們一開始就相信自己的直覺，就和我們每一位一樣。

然而，因為這些人希望能有具說服力的哲學系統來支持自己的直覺，便靠著聰明才智建構出這些理論。理論建構出來之後，這些哲學家的做法就有點賊了（我是這麼覺得啦）——他們會先從宇宙中斷章取義，找到證據來支持自己的論點，然後無視各種反證。你若問我的話，我是覺得這樣很下流啦。

詹姆斯還有另一說讓我很有共鳴。他說當證據不夠充足時（就，並非赤裸裸呈現在舞台正中央的鎂光燈下時），我們就可以自由選擇最適用的哲學論點。這裡他談的是『萬物的意義』——包含生、死，還有其中的一切。也就是說，如果你覺得宇宙會把你帶往充滿雲朵的天堂，那很好啊，沒什麼不好。我算哪根蔥能說你錯了？我衷心希望你可以達到心之所向，老實說我還希望自己可以偶爾路過去看看你。搞不好還可以像以前一樣一起來杯啤酒，聊聊天。就像我跟最後一排那幾位新朋友一樣，我們偶爾也會出去喝酒聊天。對，就是那兩位老先生。

喔，還有最後一個故事。從前有個美國人叫桑頓．懷爾德（Thornton

Wilder）。懷爾德是名劇作家，在他的作品《吾鎮》（*Our Town*）中的第三幕，年輕的女主角艾蜜莉因產難而死，死後她得到了重活生前某一日的機會。艾蜜莉選擇了她十二歲生日的那天。

一開始，艾蜜莉很開心可以重新經歷這一天，但過不了多久她就發現了韶光易逝，也想起自己在世時總是蹉跎光陰。艾蜜莉哭喊著：『我們連好好看看身邊的人的時間都沒有。』這一天結束之後，她轉身問負責安排的人：『難道人在活著的時候，都不曾意識到生命的寶貴嗎？每一分鐘都好寶貴。』負責人說：『只有聖徒和詩人偶爾會意識到。』

感謝大家今天前來參加這場喪禮。我知道你們是來看老佛，不是來看我的，但老佛現在不方便會客。謝謝你們聽我說話。喔，還有一個故事，最後一個了，我保證。

海德格和河馬緩緩走向天堂大門後，聖彼得對他們說：『今天天堂只剩一個名額了，所以你們誰可以說出『人生的意義是什麼？』的最佳解答，就可以進入天堂。』

海德格說：『要好好思考『存有』，就要先忽視『存有』到一個極致，以『存有者』為基礎，靠著這些『存有者』來解釋『存有』，並作為『存有』之根本。要以形上學思考。』

河馬還沒來得及開口，聖彼得就對他說了：『你今天走運了，小河馬！』

各位晚安！回家路上小心！老佛，你也一路好走！」

謝辭

生死分水嶺的這一頭，有許多人給予我們協助與支持，我們想要感謝可愛的經紀人茱莉雅・羅德（Julia Lord）、絕頂聰明的編輯史蒂芬・摩里森（Stephen Morrison）、摩里森精明一世的得力助手貝卡・杭特（Becca Hunt），還有企鵝出版社的公關張雁（Yen Cheong）。至於生死分水嶺另一頭的人，我們等等會提。

在學校的日子中，有兩位老師冒著被古板同事譏笑的風險，領我們進入了我倆一心想尋求解答的大哉問世界中。這兩位老師分別是已故的約翰・懷德（John Wild）和保羅・田立克（Paul Tillich）。能向兩位大師學習，我們深感榮幸。

書中的笑話主要來源是吉爾・艾斯納（Gil Eisner），他是經典笑話的人體百科。謝啦，吉爾。也要感謝瓊・葛利斯沃（Joan Griswold）和派迪・史賓塞（Paddy Spence）提供的幾則幽默小故事。

我們還要脫下小丑帽，向幾位最具想像力的幽默作者致敬：喬魯・馬克斯、伍迪・艾倫、依莫・菲利普斯、史蒂文・萊特、梅洛・海格和馬丁・海德格。感謝捷克・內索（Jack Nessel）介紹我們先前從未聽過的天堂電影。

還有我們的妻子艾洛斯（Eloise）和佛雷琪（Freke）、我們的女兒艾瑟（Esther）和薩瑪拉（Samara），還能說什麼呢？妳們很棒。真的很棒。

註解

引言

1. Arthur Schopenhauer, "On Death and Its Relationship to the Indestructibility of Our Inner Nature," in Wolfgang Schirmacher, ed., Philosophical Writings (London: Continuum, 1994), p. 287.

PART 1 死神，你到底要我怎麼樣？

1. Jill Bolte Taylor, My Stroke of Insight (New York: Viking, 2008).
2. 完形心理學是二十世紀早期的心理學派，以全面的角度去探討人類的意識，認為人類的心靈藉由分辨場景中的重要資訊來理解感官資訊，例如：「嘿！那碗裡的東西是一頂假髮，不是螺旋義大利麵條啊！」
3. Martin Heidegger, On Time and Being (Chicago: University of Chicago Press, 2002), p.6.
4. Ibid.
5. Quoted in Frank Kermode, An Appetite for Poetry: Essays in Literary Interpretation (Cambridge, MA: Harvard University Press, 1989), pro- logue.
6. Martin Heidegger, Contributions to Philosophy (From Enowning)(Bloomington: Indiana University Press, 1999).
7. T. Z. Lavine, From Socrates to Sartre: The Philosophic Quest (New York: Bantam, 1985), p. 332.
8. Jean-Paul Sartre, Being and Nothingness, in Stephen Priest, ed., Basic Writings (London: Routledge, 2001), p. 167.

PART 2 意想不到的永生

1. Ludwig Wittgenstein, Tractatus Logico-Philosophicus (London: Rout- ledge, 2001), § 6.4311.
2. 根據西元前五世紀希臘埃利亞人芝諾的說法，如果阿基里斯在比賽開始前，讓烏龜站贏在起跑點，他就永遠追不上烏龜。因為阿基里斯必須先跑到烏龜的起跑點，但當阿基里斯跑到該處時，烏龜又已經前進了一點。不管阿基里斯幾度追上了烏龜已到過的點，他永遠都還是在烏龜身後，無限循環下去。

PART 3 搭上通往永生的靈魂列車

1. Jerome H. Neyrey, "Soul," in Harper's Bible Dictionary (San Fran- cisco: Harper & Row, 1985), pp. 982–3.
2. Matthew 16:26; Mark 8:36.
3. Neyrey, Ibid.
4. Ludwig Wittgenstein, Philosophical Investigations, 3rd ed. (Saddle River, NJ: Prentice Hall, 1973), § 622.
5. Plato, "Meno," The Dialogues of Plato, vol. 1, Benjamin Jowett, trans. (New York: Random House, 1937), pp. 349ff.
6. 西歐國家也做過類似的調查，調查結果顯示49.9%的受訪者相信「死後有來生」，19.2%的人相信會投胎轉世。此為冰島大學（University of Iceland）Erlendur Haraldsson教授的研究（Network, no. 87, Spring 2005）。
7. Adela Y. Collins, "Heaven," in Harper's Bible Dictionary, p. 377.
8. Beulah Land樂園是一首描繪天堂的流行詩歌，由斯泰慈（Edgar Page Stites）作於一八七六年。作者後來也寫道：「我震懾不已、面服於地，所以只能寫出兩段主歌和一段副歌」。多莉．艾莫絲（Tori Amos）也寫了一首〈Beulah Land〉，收錄於一九九八年的專輯《吟唱天堂》（From the Choirgirl Hotel）中。
9. Richard H. Hiers, "Kingdom of God," in Harper's Bible Dictionary, p. 528.

10. Adela Y. Collins, "Hades," in Harper's Bible Dictionary, p. 365.
11. I Thess. 4:16–17.
12. Micah 6:8
13. Luke 10:25.
14. Koran, 56:15ff.
15. Sunan al-Tirmidhi Hadith 2562.

PART 4 來生

1. William James, The Varieties of Religious Experience (New York: Modern Library, 1902), p. 378.
2. 詹姆斯、西德奇維克和孟斯特伯格對通靈的研究，可見 Deborah Blum, Ghost Hunters: William James and the Search for Scientific Proof of Life After Death (New York: Penguin, 2006)。

PART 5 死亡，作為一種生活風格的選擇

1. Albert Camus, The Myth of Sisyphus (London: Vintage, 1991), p. 3.
2. Cicero, De finibus bonorum et malorum, H. Rackham, trans. (New York: Macmillan, 1924).
3. Seneca, "Epistulae morales," 70th epistle, in Letters from a Stoic, Robin Campbell, trans. (New York: Penguin Classics, 1969).
4. SciForums.com.
5. David Hume, "On Suicide," in Essays on Suicide and the Immortality of the Soul (Whitefish, MT: Kessinger, 2004), p. 8.

PART 6 永生的煩惱

1. Michael Kinsley, "Mine Is Longer than Yours," New Yorker, April 7, 2008.
2. Manfred Clynes, "Time Consciousness in a Very Long Life," in The Scientific Conquest of Death (Buenos Aires:

Libros en Red, 2004).

3. Lewis Thomas, "On Cloning a Human Being," The Medusa and the Snail: More Notes of a Biology Watcher (New York: Penguin, 1995), p. 52.

4. Michael Treder, "Upsetting the Natural Order," in ibid.

※編按：原書另有原文索引，如需參閱，請至創意市集網站瀏覽：http://ifbook.pixnet.net/blog

延伸閱讀

- Aristotle. De Anima. London: Penguin, 1987.
- Ballou, Robert, ed. The Portable World Bible (excerpts from scriptures ofthe world's religions). London: Penguin, 1977.
- Blum, Deborah. Ghost Hunters: William James and the Search for Scientific Proof of Life After Death. New York: Penguin, 2006.
- Becker, Ernest. The Denial of Death. New York: Free Press, 1973.
- Camus, Albert. The Myth of Sisyphus. London: Penguin, 2000.
- Camus, Albert. The Stranger. New York: Vintage, 1989.
- Cicero. De finibus bonorum et malorum. New York: Macmillan, 1924.
- Conrad, Mark, and Aeon Skoble, eds. Woody Allen and Philosophy: You Mean My Whole Fallacy Is Wrong? Chicago: Open Court, 2004.
- Descartes, René. Discourse on Method. London: Penguin, 2000.
- Freud, Sigmund. Beyond the Pleasure Principle. London: Penguin, 2003.
- Freud, Sigmund. "The Future of an Illusion," in Civilization, Society, and Religions. London: Penguin, 1991.
- Heidegger, Martin. Being and Time. San Francisco: Harper, 1962.
- Husserl, Edmund. The Essential Husserl. Bloomington: Indiana University Press, 1999.
- Immortality Institute. The Scientific Conquest of Death. Buenos Aires: Libros en Red, 2004.
- James, William. "The Varieties of Religious Experience" and "Pragmatism," in William James: Writings, 1902–1910. New York: Library of America, 1988.
- James, William. "The Will to Believe," in William James: Writings, 1878–1899. New York: Library of America, 1992.
- Jung, C. G. "The Soul and Death," in Herman Feifel, ed., The Meaning of Death. New York: McGraw-Hill, 1959.
- Kierkegaard, Søren. The Concept of Anxiety. Princeton, NJ: Princeton University Press, 1981.
- Kierkegaard, Søren. The Sickness unto Death. London: Penguin, 1989.
- Moody, Raymond. Life After Life. San Francisco: HarperOne, 2001.
- Nietzsche, Friedrich. The Gay Science. New York: Vintage, 1974.
- Plato. "Meno," in Protagoras and Meno. London: Penguin, 2006.
- Plato. "Phaedo," in The Last Days of Socrates. London: Penguin, 2006.
- Plato. The Republic. London: Penguin, 2007.
- Rank, Otto. Beyond Psychology. Mineola, NY: Dover, 1958.
- Ryle, Gilbert. The Concept of Mind. London: Penguin, 2000.
- Sartre, Jean-Paul. Being and Nothingness. London: Routledge, 2003.
- Schopenhauer, Arthur. The World as Will and Idea. Whitefish, MT: Kessinger, 2007.
- Seneca. Epistulae morales, 70th epistle, in Robin Campbell, trans., Letters from a Stoic. New York: Penguin Classics, 1969.
- Taylor, Jill Bolte. My Stroke of Insight. New York: Viking, 2008.
- Tillich, Paul. "The Eternal Now," in The Eternal Now. New York: Scribner's, 1963.
- Wrathall, Mark. How to Read Heidegger. New York: Norton, 2005.
- Zimmer, Heinrich. Philosophies of India. Princeton, NJ: Princeton University Press, 1989

圖片授權

- P22: © The New Yorker Collection 2002 Eric Lewis
- P25: © The New Yorker Collection 2000 Sam Gross
- P26: © The New Yorker Collection 1995 Charles Barsotti
- P33: © The New Yorker Collection 2007 Robert Mankoff
- P40: © The New Yorker Collection 1982 Mick Stevens
- P43: © The New Yorker Collection 2001 Victoria Roberts
- P49,50,55,56: © The New Yorker Collection 1991 William Steig
- P63: © The New Yorker Collection 1996 Tom Cheney
- P66: © The New Yorker Collection 1987 Robert Mankoff
- P69: © The New Yorker Collection 2004 David Sipress
- P83: © The New Yorker Collection 2000 Roz Chast
- P87: © The New Yorker Collection 1986 Henry Martin
- P103: © The New Yorker Collection 2003 Frank Cotham
- P106: © The New Yorker Collection 1980 Gahan Wilson
- P116: © The New Yorker Collection 2004 Robert Mankoff
- P125: © The New Yorker Collection 1997 Donald Reilly
- P134: © The New Yorker Collection 2004 Glen LeLievre
- P140: © The New Yorker Collection 1989 David Jacobson
- P154: © The New Yorker Collection 2007 Ariel Molvig
- P157: © The New Yorker Collection 1995 Mick Stevens
- P165: © The New Yorker Collection 1997 Frank Cotham
- P172: © The New Yorker Collection 1992 Victoria Roberts
- P188: © The New Yorker Collection 1997 Ed Frascino
- P206: © The New Yorker Collection 1992 Lee Lorenz
- P213: © The New Yorker Collection 1997 J. B. Handelsman
- P221: © The New Yorker Collection 1999 J. B. Handelsman
- P232: © The New Yorker Collection 1999 Danny Shanahan
- P239: © The New Yorker Collection 1996 Ed Arno
- P246: © The New Yorker Collection 2007 Jack Ziegler

一路笑到掛的生死哲學課：哈佛哲學家用幽默剖析生與死的一切【暢銷新版】

作者　湯瑪斯・凱瑟卡(Thomas Cathcart)、丹尼爾・克萊恩(Daniel Klein)
譯者　高霈芬
責任編輯　陳姿穎
版面編排　張庭婕、江麗姿
封面設計　逗點創制有限公司、江麗姿
資深行銷　楊惠潔
行銷主任　辛政遠
通路經理　吳文龍
總編輯　姚蜀芸
副社長　黃錫鉉
總經理　吳濱伶
發行人　何飛鵬
出版　創意市集 Inno-Fair
城邦文化事業股份有限公司
發行　英屬蓋曼群島商家庭傳媒股份有限公司
城邦分公司
115台北市南港區昆陽街16號8樓

城邦讀書花園　http://www.cite.com.tw
客戶服務信箱　service@readingclub.com.tw
客戶服務專線　02-25007718、02-25007719
24小時傳真　02-25001990、02-25001991
服務時間　週一至週五 9:30-12:00，13:30-17:00
劃撥帳號　19863813　戶名：書虫股份有限公司
實體展售書店　115台北市南港區昆陽街16號5樓
※如有缺頁、破損，或需大量購書，都請與客服聯繫

香港發行所　城邦（香港）出版集團有限公司
香港九龍土瓜灣土瓜灣道86號
順聯工業大廈6樓A室
電話：(852) 25086231
傳真：(852) 25789337
E-mail：hkcite@biznetvigator.com

馬新發行所　城邦（馬新）出版集團Cite (M) Sdn Bhd
41, Jalan Radin Anum, Bandar Baru Sri Petaling,
57000 Kuala Lumpur, Malaysia.
電話：(603)90563833
傳真：(603)90576622
Email：services@cite.my

製版印刷　凱林彩印股份有限公司
一版 1 刷　2018年09月
二版 1 刷　2025年1月
ISBN　978-626-7488-39-3／定價　新台幣380元
EISBN　978-626-7488-36-2 (EPUB)／電子書定價 新台幣266元

※廠商合作、作者投稿、讀者意見回饋，請至：
創意市集粉專　https://www.facebook.com/innofair
創意市集信箱　ifbook@hmg.com.tw

國家圖書館出版品預行編目資料

一路笑到掛的生死哲學課：哈佛哲學家用幽默剖析生與死的一切【暢銷新版】/湯瑪斯.凱瑟卡(Thomas Cathcart), 丹尼爾.克萊恩(Daniel Klein)著；高霈芬譯. -- 二版. -- 臺北市：創意市集, 城邦文化事業股份有限公司出版：英屬蓋曼群島商家庭傳媒股份有限公司城邦分公司發行, 2025.1
面；公分 --
譯自：Heidegger and a hippo walk through those pearly gates : using philosophy (and jokes!) to explain life, death, the afterlife, and everything in between
ISBN 978-626-7488-39-3(平裝)

1.CST: 生死觀 2.CST: 生命哲學

197　113013799